ce presan livre
a partien
a polole
de Gautier
demeurant
a a rides
y
ca
partriel
[illegible]
cre

cepresan livre
apartien e
Cle Espagnol
demeurcan
a Connes
Yf

LES JEUX DE QUADRILLE ET DE PIQUET.

AVEC

LE MÉDIATEUR.

NOUVELLE E'DITION.

A MANILLE,

Chez PIERRE ESPADILLE, Ruë des Matadors, à la Bonne Foi.

M. DCC. XLII.

AUX AMATEURS DU QUADRILLE.

Les premieres Editions du Livre qui contient les Régles du Quadrille, ont eu un succès si favorable, que j'ai conçu le dessein d'en donner une nouvelle Edition mieux ordonnée & plus parfaite.

J'avouë que ce n'est pas un service d'une grande importance que je rends au Public ; cependant je me flatte que mes soins ne seront pas désagréabbles à toutes les personnes de l'un & de l'autre sexe, qui font leur amusement de ce Jeu préferablement à tout autre.

Je n'ai rien négligé du reste pour mettre ce petit Ouvrage dans sa perfection. J'ai consulté les plus fameux Joüeurs, qui se sont fait un plaisir de me communiquer leurs lumieres ; je me flatte même que cette recherche ne sera point inutile, étant persuadé que tous les incidens qui peuvent arriver dans ce Jeu y sont décidez par des raisons si justes & si naturelles, que personne ne fera aucune difficulté de s'y soûmettre.

On trouvera peut-être des Régles qui paroîtront á quelques-uns trop sévéres, à d'autres trop peu. On dira aux premiers, que l'on conviendra qu'elles ne sçauroient l'être assez, puisque c'est pour empêcher que la mauvaise foi, qui ne manque pas de partisans parmi les Joüeurs même, ne puisse s'y glisser; ainsi l'on ne sçauroit condamner que très-rigoureusement ce qui en a la seule apparence. On dira aux derniers pour ce qui peut paroître trop adouci, en l'examinant bien, que l'on ne trouvera pas que la mauvaise foi puisse y avoir part.

Cependant pour satisfaire & remplir l'attente de ceux qui veulent qu'on ne puisse rien faire sans leur dire pourquoi, l'on trouvera dans les décisions nouvelles, qui sont immédiatement après le Quadrille, d'assez bonnes raisons pour appuyer les Régles que l'on y donne, & éclaircir les doutes qui peuvent naître parmi tant de personnes qui joüent ce Jeu, qu'on peut dire être plus à la mode que pas un n'a jamais été.

Pour ne rien omettre, on ne s'est pas contenté d'y ajouter la maniere de joüer le Quadrille en rendant le Roi, le Quadrille à trois, le Quintille ancien, & le Quintille nouveau; l'on y a encore ajouté les Régles de l'Hombre à trois, que l'on verra avec d'autant plus de plaisir, qu'elles sont mises en bon ordre, & qu'elles ont été augmentées de tout ce qu'on a cru propre à rendre ce Jeu plus agréable.

L'on a laissé les exemples de la maniere de joüer les cartes dans les coups difficiles. Cependant comme ces maximes ne sont pas infaillibles, & qu'il faudroit un hazard surprenant pour amener les coups qu'on a expliquez, je ne conseille pas de s'y arrêter, n'y ayant que la grande experience, & une singuliere attention qui puissent les apprendre. Il arrive tous les jours de nouvelles difficultés à ces Jeux, qu'on ne sçauroit prévoir, mais dont on trouvera cependant les décisions dans les Tables des Loix de l'un & de l'autre Jeu, étant bien rare que quelqu'un des coups citez en ces Régles n'ait du raport avec les difficultés qui se présenteront. On pourra les juger en conformité, ou de la maniere qui paroîtra la plus naturelle aux Régles du Jeu.

On trouvera dans cette nouvelle Edition de nouvelles Additions pour le Jeu de Quadrille, qui n'ont point encore paru. Elles sont *placées avant les articles des Loix du Jeu du Quadrille.*

Enfin comme les termes dont on ſe ſert à ce Jeu ne ſont pas entendus de bien des gens, on a eu ſoin d'en faire un Dictionnaire, où l'on en trouvera l'explication.

LE JEU DE QUADRILLE.

CHAPITRE PREMIER.

Qui donne une idée du Jeu de Quadrille, & qui explique la valeur des Cartes.

IL est surprenant que depuis quelques années que l'on jouë le Quadrille, personne ne se soit donné la peine d'en récueillir les Régles : il me paroît cependant nécessaire de le faire, pour deux raisons. La premiere, parce que le Quadrille a plusieurs regles qui lui sont particulieres, outre celles de l'Hombre dont il est composé. La seconde, parce que plusieurs personnes jouent ce Jeu, ſans avoir (pour ainſi dire) la connoiſſance de celui de l'Hombre.

C'eſt ce qui a engagé à faire ce Récueil des régles tirées de celles de l'Hombre, ou établies par l'uſage dans les Compagnies où l'on jouë ce Jeu, qui ſerviront à mettre fin aux diſputes qui arrivent tous les jours, y ayant quelque choſe de particulier attaché à preſque chaque maiſon où ce Jeu ſe jouë.

Le Quadrille n'éſt, à proprement parler, que l'Hombre à quatre, qui n'a pas, à la vérité, la beauté, ni ne demande pas une ſi grande attention que l'Hombre à trois; mais auſſi faut-il convenir qu'il eſt plus amuſant, & plus recréatif, ſoit parce qu'il n'y a point de coup où il ne ſe jouë, ſoit que cela provienne du génie de notre Nation, qui ne prête pas volontiers toute ſon application au Jeu, particulierement le beau Sexe, qui a reçu avec plaiſir cet Hombre mitigé, & qui en fait ſon plus agréable amuſement, le préferant à tout autre Jeu. Ce Jeu perd beaucoup de ſon agrément, ſi les Joueurs ne ſe font une loi réligieuſement obſervée du ſilence; cette loi s'étend même ſur les Spectateurs, qui doivent avoir la diſcretion de ne point parler, puiſqu'un mot dit mal à propos peut être d'un préjudice considerable, & que ce Jeu demande une grande tranquillité..

Comme ces régles sont moins écrites pour ceux qui sçavent déja le Jeu, que pour ceux qui n'en ont aucune teinture, on leur donnera en deux mots la connoissance des Cartes, ce qui leur sera d'une grande avance pour entendre ce Jeu, & leur épargnera la peine d'avoir recours au jeu de l'Hombre; bien des gens se contentant de sçavoir celui-ci: on tâchera de le faire aussi clairement & aussi succintement qu'il sera possible.

Une preuve convaincante de ce qui est dit ci-dessus, c'est la maniere de jouer le Quadrille à trois, que quelques personnes jouent lors qu'ils n'ont pas de quatriéme, en ôtant une couleur rouge; mais ce n'est pas ici le lieu de s'étendre davantage sur ce Jeu, qui ne peut, tout au plus, être goûté que des apprentifs au Quadrille, ausquels il peut servir d'introduction: nous en parlerons cependant plus au long à la fin de ce Traité, de même que de la maniere dont on jouë le Quadrille, qu'on appelle le Roi rendu, qui pourra trouver des partisans.

Il est à propos, en commençant, de donner à connoître la valeur des Cartes, soit qu'elles soient triomphes, ou qu'elles ne le soient pas; c'est ce que l'on fera dans ce premier Chapitre. Dans le ſecond, l'on expliquera la maniere de le jouer, & l'ordre qu'on doit obſerver en le jouant. On donnera dans le troiſiéme la maniere de marquer & payer le Jeu : & dans le quatriéme, quelques exemples des Jeux qui peuvent être jouez en appellant un Roi, ou ſans appeller, avec des remarques ſur la maniere dont il faut jouer. L'on trouvera enſuite une Table des loix du Jeu, tirées de celles de l'Hombre, ou établies par l'uſage, & une explication des termes dont on ſe ſera ſervi, & qui ſont propres au Jeu. Enfin l'on verra les déciſions nouvelles ſur les coups embarraſſans arrivez depuis que l'on jouë ce Jeu. d'où l'on a puiſé les loix qui regardent ces mêmes coups.

De la valeur des Cartes.

C'Eſt ſans doute ce qui embarraſſe d'abord le plus une perſonne qui ne connoît point ce Jeu ; il ne peut concevoir par quelle raiſon le ſept de cœur ou de carreau, le deux de pique ou de trefle, ſont tantôt les ſecondes cartes du jeu, & tantôt les dernieres ; c'eſt ce qui ſera aiſé d'apprendre en liſant avec un peu d'attenction les Tables ſuivantes, dans l'une deſquelles les cartes ſont miſes ſelon leur valeur naturelle, & dans l'autre ce qu'elles valent lors qu'elles ſont triomphes.

TABLE PREMIERE.

Où les cartes ſont ſelon leur valeur naturelle.

Cœur & Carreau.	*Pique & Trefle.*
LE ROY,	LE ROY,
LA DAME,	LA DAME,
LE VALET,	LE VALET,
L'AS,	LE SEPT,
LE DEUX,	LE SIX,
LE TROIS,	LE CINQ,
LE QUATRE,	LE QUATRE,
LE CINQ,	LE TROIS,
LE SIX,	LE DEUX.
LE SEPT.	

Vous voyez par la Table ci-devant, qu'il n'eſt point fait mention de l'As de pique, ni de l'As de trefle; la raiſon en eſt, que ces deux As ſont toujours triomphes, en quelle couleur que ce ſoit.

L'As de pique s'appelle *Eſpadille*, & eſt toujours la premiere triomphe.

L'As de trefle, appellé *Baste*, est toujours la troisiéme.

C'est ce que vous verrez dans la Table qui suit, où les cartes sont rangées selon leur valeur, lors qu'elles sont triomphes.

SECONDE TABLE.

Dans laquelle les Cartes sont selon leur valeur lors qu'elles sont triomphes.

Cœur & Carreau.	*Pique & Trefle.*
ESPADILLE, *L'As de pique.*	ESPADILLE, *L'As de pique.*
MANILLE, *Le sept de cœur ou de carreau.*	MANILLE, *Le deux de pique ou de trefle.*
BASTE, *L'As de trefle.*	
PONTE, *L'As de cœur ou de carreau.*	BASTE, *L'As de trefle.*
ROY,	ROY,
DAME,	DAME,
VALET,	VALET,
DEUX,	SEPT,
TROIS,	SIX,
QUATRE,	CINQ,
CINQ,	QUATRE.
SIX.	TROIS.

Voilà

Voilà de la maniere que ſont rangées les cartes, lors qu'elles ſont triomphes.

Vous voyez qu'il n'y a qu'onze triomphes en noir, & qu'il y en a douze en rouge; vous concevez d'abord que cette difference provient de ce que l'As de pique & l'As de trefle, qui ſont toujours triomphes, ſont également employez en rouge & en noir; ce qui augmente la couleur rouge d'une triomphe.

L'As de pique, ou Eſpadille, comme nous l'avons déja dit, eſt la premiere triomphe du jeu, en quelque couleur que ce ſoit.

L'As de tréfle, dit le Baſte, en eſt toujours la troiſiéme.

Il y a par conſequent une triomphe entre les deux: Cette triomphe eſt appellée *Manille*, elle eſt en noir le deux de pique ou de trefle, & en rouge le ſept de cœur ou de carreau, qui ſont les ſecondes cartes du jeu, lorſque la triomphe eſt de leur couleur, & les dernieres, lors qu'elle ne l'eſt pas: Par exemple, le deux de pique ſeroit la ſeconde triomphe, ſi la triomphe étoit en pique, & la derniere carte du jeu, ſi elle étoit en trefle, cœur ou carreau: il en eſt de même des autres Manilles.

Le Ponte, c'eſt l'As de cœur ou de carreau, qui ſont au-deſſus du Roi, & la quatriéme triomphe du jeu, lorſque la triomphe eſt de leur couleur, & qui ſont au-deſſus du Valet, & s'appellent l'As de cœur ou de carreau, lors qu'elle ne l'eſt pas. Voyez les Tables ci-deſſus.

Le deux de cœur & de carreau ſont toujours ſuperieurs aux trois, les trois aux quatre, les quatre aux cinq, les cinq aux ſix ; mais les ſix ne ſont ſuperieurs aux ſept, que lorſque les ſept ne ſont pas triomphes, car s'ils étoient triomphes, ils deviendroient la Manille, & ſeroient par conſequent la ſeconde carte du jeu.

Il y a trois *Matadors*, qui ſont Eſpadille, Manille & Baſte.

Le privilege des Matadors eſt, qu'étant ſeuls de triomphes dans un jeu, enſemble ou ſéparément, quoique l'on joüe *à tout*, celui qui a quelqu'un de ces Matadors, n'eſt pas obligé de le fournir, ſi le Matador qu'il a eſt ſeul de triomphe, pouvant jouer la carte que bon lui ſemble Ce privilege n'a cependant lieu que lors qu'il eſt fait *à tout* d'une triomphe inferieure, auquel cas celui qui a Baſte ou Manille, n'eſt pas obligé de les mettre, quand même Eſpadille auroit été joué ſur cette premiere triomphe inferieure.

Mais ſi Eſpadille étoit la premiere carte jouée, celui qui auroit la Manille ou le

Baſte ſeul de triomphe, ſeroit obligé de le fournir ; il en eſt de même du Baſte, à l'égard de la Manille, le Matador ſuperieur forçant toujours l'inferieur. Quoi qu'il n'y ait proprement que trois Matadors, on ne laiſſe pas d'appeller Matadors toutes les triomphes qui ſuivent ſans interruption ces trois premiers Matadors, lors qu'elles leur ſont jointes ; mais il n'y a que les trois premiers qui jouiſſent du privilege ci-devant expliqué.

Voyez, pour ſçavoir le nombe des Matadors, à la Table ſeconde, la ſuite des cartes, lors qu'elles ſont triomphes.

Voilà qui eſt ſuffiſant pour connoître la valeur des cartes : voyons maintenant la maniere & l'ordre qu'il convient d'obſerver pour jouer.

CHAPITRE SECOND.

Comment il faut jouer le Quadrille, avec l'ordre qu'on doit obſerver en le jouant, ſoit pour tirer les places, donner les cartes, les priſes ou enjeux ; la maniere de parler, de jouer en appellant, de jouer ſans appeller ; de la Bête, de la Vole, &c.

LE nom de Quadrille que porte ce jeu, fait ſentir que c'eſt un jeu qui doit être joué à quatre perſonnes.

Le nombre des cartes avec lesquelles on jouë au Quadrille, est de quarante, qui sont les restantes d'un jeu entier, aprés en avoir tiré les quatre dix, les quatre neuf & les quatre huit, qui n'y sont point employez.

Il n'est pas hors de propos, avant d'entrer en matiere, d'expliquer la maniere dont la triomphe se fait.

La triomphe est déterminée par celui qui fait jouer, soit qu'il appelle un Roi, ou qu'il jouë sans en appeller, en nommant pique, trefle, cœur, ou carreau. La couleur nommée devient la triomphe; & vous remarquerez en passant, que si celui qui nomme se trompoit de couleur, c'est-à-dire, qu'il dît pique au lieu de trefle, la triomphe seroit en pique, quoique son jeu fût en trefle; de même, s'il nommoit deux couleurs, la premiere nommée seroit la triomphe, les méprises étant sévérement punies à ce jeu.

Il est bon encore de dire que ce jeu, qui est fort divertissant, devient insipide d'abord qu'on parle sur le jeu : l'on ne doit donc point, pour y avoir du plaisir, dire le moindre mot qui puisse interesser le jeu, chacun devant jouer à sa fantaisie, & comme il juge convenable à son jeu.

Il ne ſe demande point *gano*, ni l'on ne peut pas faire appuyer ; celui qui eſt à jouer doit ſçavoir ce qu'il a à faire.

C'eſt ici le lieu de citer la loi établie, que pour éviter les cérémonies qui ſe faiſoient pour *tirer les places*, il eſt généralement reçu que celui qui eſt entré le dernier tire le premier, & ainſi des autres.

Les priſes ou *enjeux* ſont de vingt ou trente fiches, comme il plaît aux joueurs, cela n'importe en rien au jeu ; & la fiche vaut ſi peu & ſi haut que l'on veut, cela dépendant abſolument des Joueurs, qui doivent meſurer leur jeu à ce qu'ils ont deſſein de perdre ou de gagner.

Après que l'on a tiré les places, vû à qui à mêler, convenu de la valeur du jeu, réglé les tours, qui ſe jouent ordinairement au nombre de dix, & qui ſe marquent en écornant une carte, celui qui doit mêler ayant fait couper à ſa gauche, *donne à chacun dix cartes*, par deux fois trois & une fois quatre ; n'importe qu'il commence par en donner quatre, ou qu'il les donne au coup ſuivant, cela étant libre à celui qui mêle ; mais il ne ſçauroit donner par une ou deux, comme certains Joueurs l'ont prétendu mal à propos.

S'il ſe trouvoit plus ou moins de cartes, le coup ſeroit nul, & il faudroit refaire, de même que s'il y avoit deux cartes de même eſpece; par exemple, deux ſix de cœur, & ainſi des autres, pourvû que l'on s'en apperçût avant que le coup fût achevé de jouer; car ſi toutes les cartes étoient jouées, & qu'on eût payé ou coupé pour le coup ſuivant, le coup ſeroit bon de même que les précedens.

Il faudroit auſſi refaire, s'il y avoit une carte tournée, quelle qu'elle pût être, en donnant les cartes, cette carte pouvant porter préjudice à celui qui l'auroit, n'y ayant point d'écart à faire; à plus forte raiſon s'il y en avoit pluſieurs.

Il n'y a point de peine pour ceux qui donnent mal, ils doivent ſeulement refaire.

Après que chacun a reçu ſes dix cartes, celui qui eſt à la droite de celui qui a mêlé, ayant vû ſon jeu, s'il a jeu à jouer, demande ſi on joue ou paſſe s'il n'a pas beau jeu, & ainſi du ſecond, du troiſiéme & du dernier, tous les quatre pouvant paſſer; mais comme il n'eſt point de coup qui ne doive être joué, celui qui a Eſpadille, après l'avoir montré ou accuſé, eſt obligé de jouer en appellant un Roy.

Que le coup ſoit joué de cette maniere,

ou que ce ſoit l'un des joueurs qui ait demandé permiſſion, perſonne ne voulant jouer ſans appeller, après qu'il a nommé ſa couleur, & le Roi qu'il appelle par ſon nom propre, le coup commence à être joué par le premier à jouer, celui qui prend la levée rejette une autre carte, & ainſi des autres, juſqu'à ce que le jeu ſoit gagné ou fini, après quoi l'on compte les levées que chacun a; ſi l'Hombre, c'eſt-à-dire, celui qui fait jouer, ſe trouve ſix mains, en comptant celles que celui qui a le Roi appellé a faites, ils ont gagné, & on leur paye le jeu, la Conſolation & les Matadors, s'ils en ont; & ils partagent ce qui ſe trouve au-devant du jeu, & les Bêtes, s'il en va.

Que s'ils ne font que cinq mains, elle eſt remiſe, & ils font la Bête de ce qui eſt au Jeu, & au-devant, & payent à chacun la Conſolation & les Matadors: s'ils en ont par égale part, ils font la Bête de même; & s'ils ne faiſoient à tous les deux que quatre mains ou moins, ils perdroient Codille, ils payeroient en ce cas à leurs adverſaires ce qu'ils leur auroient payé s'ils avoient gagné, c'eſt-à-dire, le Jeu, le Conſolation & les Matadors, s'ils en avoient, & feroient la Bête de ce qui ſeroit au Jeu; ceux qui gagnent Codille ſe partagent ce qui eſt au-devant.

La Bête, & tout ce qui eſt à payer, ſe paye par égale part, la moitié par celui qui appelle, l'autre moitié par celui qui eſt appellé, tant au cas du Codille que de remiſe, à moins que celui qui appelle, ou proprement l'Hombre, ne fit pas trois mains, auquel cas celui qui eſt appellé n'eſt pas ſeulement exempt de payer la moitié de la Bête, mais encore de payer le Jeu, la Conſolation & les Matadors, s'il y en a, que l'Hombre, qui ne fait pas trois mains, paye ſeul ; & c'eſt tant pour le Codille que pour la remiſe, afin d'obliger les Joüeurs à ne joüer que des Jeux raiſonnables : il y a même des maiſons où il faut faire quatre mains, pour ne point faire la Bête ſeul.

Il eſt cependant un cas auquel l'Hombre ne fit-il qu'une main, ne feroit pas la Bête ſeul ; & c'eſt lorſqu'il a été forcé de joüer ayant Eſpadille : que tous les joüeurs ayant paſſé, étant par conſequent forcé, il ne ſeroit pas juſte qu'on l'obligeât de faire trois ou quatre mains, ainſi celui qui eſt appellé eſt pour la moitié de tout ce qui ſe paye.

Celui qui jouë avec Eſpadille doit dire : Je paſſe, avant de nommer, car s'il n'avoit pas paſſé, quoiqu'il eût mauvais jeu, il ſuivroit en tout les loix de ceux qui jouent de leur bon gré.

Celui qui a une fois passé ne peut plus être reçû à jouer ; & celui qui a demandé à jouer, n'est pas le maître de ne pas jouer, à moins que quelqu'un ne veüille jouer sans appeller.

Celui qui a les quatre Rois peut appeller la Dame d'un de ses Rois, excepté de celui qui est de triomphe ; celui qui a un ou plusieurs Rois, peut appeller un des Rois qu'il a, il est pour lors obligé de faire six mains seul, alors il gagne ou perd seul.

L'on ne peut point appeller le Roi de la couleur en laquelle l'on joüe.

L'on ne peut point demander gano à son ami, qui est le Roi appellé, ni le faire appuyer.

L'on ne doit jouer qu'à son rang, mais l'on ne fait pas la Bête pour cela.

Celui qui n'étant pas premier à jouer, & ayant le Roi appellé, joueroit à tout d'Espadille, Manille, ou Baste, ou même joüëroit le Roy appellé pour faire connoître qu'il est l'ami, ayant plusieurs autres Rois qu'il craindroit que l'Hombre lui couperoit, ne le connoissant pas, ne sçauroit entreprendre la vole ; il seroit même condamné à faire la Bête, si l'on connoissoit de la mauvaise foi dans son procedé.

Il n'est point permis de montrer son

jeu que le coup ne ſoit gagné, pas même ſi l'on avoit déja Codille, devant jouer juſqu'à la fin, pour voir ſi l'ombre ne fera pas la Bête ſeul.

Si l'Hombre où le Roi appellé montroient leur jeu avant d'avoir ſix mains complettes, en comptaut avoir gagné, & qu'il pût ſe trouver une maniere d'empêcher leurs ſix mains, les perſonnes qui joueront avec eux pourront les contraindre de jouer leurs cartes de telle maniere qu'il leur plaira.

Pour jouer ſans appeller de Roi, il ne faut pour cela que nommer ſa couleur.

Celui qui joue ſans appeller, doit faire ſix mains ſeul pour gagner; car toutes les mains que les trois autres joueurs font, ſont réunies contre lui, & ſes adverſaires doivent ſe ganer les uns aux autres, & faire leur poſſible pour le faire perdre.

Celui qui veut jouer ſans appeller, eſt reçû à jouer préférablement à celui qui demande à jouer en appellant; ſi cependant celui qui demande, veut jouer lui-même ſans appeller, il lui eſt permis par préférence à celui qui le force; & ce ſont ces deux manieres de jouer ſans appeller, qu'on appelle forcer.

Celui qui joue ſans appeller ne partageant avec perſonne lorſqu'il gagne, paye auſſi tout ſeul lorſqu'il perd ; s'il perd la remiſe, il fait la Bête, & paye à chacun de ſes trois adverſaires la Conſolation, le Sans appeller & les Matadors, s'il en a ; & s'il perd Codille, il fait également la Bête, & paye à chacun tout autant que chacun lui auroit payé s'il avoit gagné : ceux qui gagnent Codille ſe partagent ce qui ſe trouve ; & s'il y a quelques jettons de reſte, il fera pour celui des trois, qui le coup ſuivant aura l'Eſpadille, ou la plus forte triomphe ; il en eſt de même de celui qui ayant demandé à jouer, appelle un Roi qu'il a, il gagne ſeul, ou perd ſeul, comme il eſt dit ci-deſſus, à l'exception du ſans-appeller, qu'il ne paye point s'il perd, & qui ne lui eſt pas payé s'il gagne, quoiqu'il joue ſeul.

Celui qui joue ſans appeller, encore qu'il ait jeu ſûr, eſt obligé de nommer ſa couleur ; ſi ſans la nommer il baiſſoit ſon jeu en diſant : je joue, ſans appeller, il ſeroit permis à l'un des trois autres joueurs de nommer telle couleur qu'il déſireroit ; & pour lors celui qui auroit voulu jouer ſans appeller, ſeroit tenu de jouer dans la couleur qui lui auroit été nommée, quoiqu'il n'eût pas une triomphe de cette couleur.

Celui qui a demandé à jouer ne peut

jouer ſans appeller, à moins qu'on ne le force ; auquel cas il joue par préference à celui qui l'a forcé.

L'on n'eſt pas obligé de couper lorſque l'on n'a point de la couleur jouée, ni de mettre au-deſſus qnand on le pourroit, cela étant libre au joueur, même étant dernier à jouer, la main appartenant à l'Hombre : mais il faut qu'il fourniſſe tant qu'il a de la couleur jouée, ſans quoi il renonceroit.

Celui qui a tiré une carte de ſon jeu, & l'a préſentée à découvert pour la jouer, eſt obligé de le faire, ſi elle peut, étant conſervée, préjudicier au jeu, ou en donner connoiſſance à l'ami, principalement ſi c'eſt un Matador.

Celui qui joue ſans prendre, n'eſt point ſujet à cette loi, non plus que celui qui joue ſeul s'étant appellé.

Il eſt libre de tourner les levées faites par les autres, & compter ce qui a été joué toutes les fois que l'on doit jouer, & non autrement.

Celui qui au lieu de tourner les levées qui ſont devant un joueur, tourne & voit ſon jeu, ou le fait voir aux autres, fait la Bête de moitié avec celui à qui appartient les cart es retournées.

Qui renonce fait la Bête, autant de fois qu'il renonce, & qu'on l'en fait appercevoir.

Il

Il faut pour avoir renoncé, que la levée ſoit pliée, ou que celui qui a renoncé ait joué ſa carte pour le coup ſuivant, il peut autrement reprendre ſa carte. Si l'on s'apperçoit de la renonce avant que le coup ſoit achevé, & qu'elle préjudicie au jeu, il faut reprendre ſes cartes, & recommencer à jouer de la levée où la renonce a été faite ; cependant ſi toutes les cartes ſont jouées, la Bête n'en eſt pas moins faite, mais on ne reprend point ſes cartes, à moins qu'il n'y eût pluſieurs renonces ſur un même coup, auquel cas on pourroit reprendre le jeu, pourvû que les cartes ne fuſſent pas brouillées.

Pluſieurs Bêtes faites ſur le même coup doivent aller enſemble, à moins que l'on ne convienne autrement avant que de commencer le coup.

Les plus groſſes Bêtes paſſent toujours les premieres, lorſqu'il y en a pluſieurs.

Faire la vole, c'eſt faire toutes les levées ſeul, lorſqu'on joue ſans prendre, ou avec l'aide du Roi que l'on a appellé.

La vole ne gagne que ce que l'on eſt convenu, tirant ſimplement ce qui eſt au-devant, n'ayant rien à demander des Bêtes qui ne vont pas.

La vole eſt entrepriſe, ſoit en jouant ſans appeller, ou avec un Roi appellé, lorſque l'on a jetté la carte ayant les ſix premieres mains, si l'on ne la fait pas, l'on paye ce qui auroit été payé pour la vole, si elle avoit été faite.

Celui ou ceux qui ayant entrepris la vole ne l'ont pas faite, tirent le devant, & se font payer le jeu, la Consolation, le Sans-perdre, s'il y a lieu, & les Matadors, s'ils en ont.

Quoique la vole soit entreprise, il n'est pas permis de voir le jeu de son ami.

La vole ne sçauroit être entreprise, que le Roi appellé n'ait paru.

Celui qui a été obligé de jouer avec Espadille, ne peut point prétendre à la vole.

C'est au cas de la vole surtout où le silence doit être le plus observé.

Il n'est point permis de faire connoître ou de rien dire qui puisse engager l'ami a entreprendre la vole, ou à s'en desister; pas même, Nous avons six mains: il faut attendre que celui à qui est à jouer ait joué, ou abbatu son jeu.

Voilà quelle est à peu près la maniere & l'ordre de jouer le Quadrille; vous trouverez dans la Table des Loix, qui sera à la suite de ce Traité, les regles dans une plus grande étendue, vous pourrez y avoir recours pour les coups que vous ne trouverez pas entierement decidés dans ce Chapitre; voyons quelle est la maniere de marquer & de payer le jeu.

CHAPITRE TROISIEME.

De la maniére de marquer le Jeu & de le payer.

LE jeu eſt marqué par celui qui mêle, en mettant une fiche au-devant.

Chacun fait outre cela un jetton au jeu pour chaque coup, qu'il ſe paye à ceux qui gagnent avec la Conſolation, & ces quatre jettons ſont comptez aux Bêtes qui ſe font.

S'il y a une Bête, elle va avec ce qui eſt au-devant, & le jeu que chacun doit, ſans pour cela que celui qui mêle, ceſſe de mettre la fiche du jeu au-devant, ce qui fait que la premiere Bête étant de quatorze, comme elle eſt toûjours, la ſeconde doit être de quarante-deux, & la troiſieme de cinquante-ſix; une Bête faite ſur une autre Bête ne pouvant être plus forte que de quatorze marques, qui eſt ce dont le jeu augmente; ſçavoir, dix pour la fiche que met celui qui mêle, & quatre pour le jetton que chacun fait au jeu; à moins que le jeu n'ait doublé, comme il arrive lorſque la premiere Bête eſt faite par remiſe, elle eſt de quatorze, la ſeconde eſt de quarante-deux.

Si le coup ſur lequel la premiere Bête eſt faite, eſt tiré par Codille, la ſeconde Bête ne ſera que de vingt-huit, attendu que les quatorze que le Codille a tiré n'y doivent point être compris, ne pouvant point à ce jeu perdre plus que l'on ne peut gagner. Vous verrez par la table cy-après à combien ſe monteront les Bêtes qui ſeront faites.

TABLE.

Premier.	2	3	4
14	42	56	70
5	6	7	8
84	98	112	126
9	10	11	12
140	154	168	182
13	14	15	16
196	210	224	238

Si le premier coup ſur lequel a été faite la premiere Bête étoit tiré par Codille, voyez la table cy-après.

Premier. 14	2 28	3 42	4 56
5 70	6 84	7 98	8 112
9 126	10 140	11 154	12 168
13 182	14 196	15 210	16 224

Si l'on joue le jeu double, il n'y a pour pouvoir se servir de ces Tables, qu'à doubler les Bêtes selon le rang où elles sont faites.

Le jeu, comme nous l'avons déja dit, est un jetton pour chaque joueur à chaque coup : ainsi, s'il y avoit plusieurs remises, ce seroit autant de jettons qu'il y auroit de remises, que ceux qui perdroient payeroient, ou aux gagnans, ou à ceux qui auroient fait perdre, s'ils gagnoient Codille ; car lorsqu'elle n'est que remise, on ne touche point au jeu, l'on paye seulement la consolation, les Matadors, & le sans-perdre, s'il y en a.

La Consolation se paye deux jettons à celui ou ceux qui font jouer, s'ils gagnent ; ou par eux s'ils perdent, soit par remise ou Codille.

Il en eſt de même des Matadors, qui ſont payez à un jetton chaque Matador.

Quoiqu'il n'y ait proprement que trois Matadors, qui ſont Eſpadille, Manille & Baſte, le nombre en augmente à meſure que les triomphes qui les ſuivent immediatement, leur ſont jointes, & il eſt payé pour chacun un jetton, tant en gain qu'en perte.

Le Sans-prendre ſe paye ordinairement la moitié de ce à quoi eſt fixée la vole ; ainſi ce ſera cinq jettons, que ceux qui perdent doivent payer à celui qui gagne, ou celui qui perd à ceux qui l'on fait perdre, ſoit remiſe ou Codille.

Obſervez que le Sans-perdre & les Matadors ne ſont dûs qu'autant qu'ils ſont demandez avant qu'on ait coupé pour le coup ſuivant ; car ſi les cartes étoient mêlées & coupées, ſans qu'on les eût demandez, on ne ſeroit plus en droit de ſe les faire payer, excepté dans le cas expliqué aux Déciſions. Voyez l'article du Sans-prendre & des Matadors.

La Bête, le jeu, & la conſolation ne ſe preſcrivent pas ; on peut ſe les faire payer pluſieurs coups après, l'on ne peut cependant point revenir des mépriſes qui peuvent avoir été faites en comptant les Bêtes, ſi le coup d'après celui où la Bête qui fait le ſujet de la diſpute, eſt achevé de jouer. Voyez les Décisions, Article de la Bête.

Il est payé à ceux qui gagnent Codille, de la même maniere qu'ils auroient payé ceux qui auroient gagné.

Ceux qui gagnent Codille, se partagent ce qui va au-devant.

La vole se paye une fiche, qui vaut dix jettons à ceux qui la font, ou par ceux qui la manquent l'ayant entreprise; & elle est payée double lorsque celui qui sans appeller la fait seul ou la manque de même; les Matadors, le Sans-appeller, & le reste du jeu est payé à l'ordinaire.

L'on joue ordinairement le dernier tour double, à moins que l'on ne soit d'accord à le jouer simple.

Jouer le dernier tour double, c'est mettre pendant ce tour le devant double, payer double le jeu, la consolation, les Matadors, le Sans-prendre & la vole.

Les cartes se payent au moyen d'une Fiche que chacun donne pour cela.

Ceux qui aimeront à jouer de gros coups, pourront le jouer toujours double; ce qui augmentera considerablement les Bêtes & le jeu.

Il nous reste à donner quelques exemples des Jeux qui peuvent être jouez en appellant un Roi ou sans appeller, c'est ce que l'on verra dans le chapitre suivant.

CHAPITRE QUATRIE'ME.

Exemples de quelques Jeux qui peuvent être jouez en appellant un Roi, ou ſans appeller.

QUoique ce ſoit par l'uſage que l'on doit apprendre quels ſont les jeux qui peuvent être jouez, on ne laiſſera pas d'en raporter ici quelques-uns, pour faciliter ceux qui commencent.

La premiere régle qui doit être le fondement des autres, eſt, qu'il faut tout au moins en appellant un Roi, avoir dans ſon jeu trois mains aſſurées, afin de ne point faire la Bête ſeul. L'on pourra cependant jouer les jeux ſuivans, en rouge.

JEUX EN ROUGE QUI PEUVENT SE JOUER.

Manille, Baſte, Roi, Dame & Six de cœur, deux piques, deux trefles & un carreau, en appellant le Roi de carreau.

L'on doit obſerver qu'il faut appeller par préference le Roi dont l'on n'a qu'une fauſſe, parce que l'on eſt pour lors en régle: l'on appelle être en régle, lorſque l'on coupe le retour du Roi appellé ; & si l'on a une seule noire & une seule rouge pour fausses, il est mieux d'appeller le Roi rouge, à cause qu'y ayant une rouge de plus, l'on risque moins d'être surcoupé au retour.

Si l'on se trouvoit avoir également en chaque couleur, il faudroit, si l'on avoit une Dame, en appeller le Roi, parce que par-là vous rendriez votre Dame bonne. Vous pourriez même jouer :

Espadille, Ponte, Valet, deux & trois, une Dame gardée, & trois d'une autre couleur, en appellant le Roi de votre Dame. Vous jouerez encore :

Manille, Roi, Dame, Valet & quatre, avec un Roi, en appellant le Roi de celle dont vous aurez moins.

Il faudroit commencer à faire à tout du Valet, si vous êtiez premier à jouer, avant de connoître votre Roi ; il est toujours avantageux de faire à tout, surtout lorsque l'on a des Rois & de bonnes cartes, parce que les triomphes étant ordinairement séparées, vos Rois & Dames passent après cela bien mieux ; il est de même bon de faire à tout lorsque le Roi n'a point paru, parce que pour l'ordinaire vos adversaires ne sçachant pas qui est le Roi, prennent les uns sur les autres.

Une régle générale qu'on doit se faire,

c'eſt lorſque l'Hombre fait à rout d'une baſſe triomphe avant que ſon Roi ait paru, il ne faut jamais prendre que d'une triomphe médiocre, pour ne pas obliger votre ami à prendre ſur vous: il n'en ſeroit pas de même ſi vous étiez le Roi appellé, puiſque vous devriez ſur la baſſe triomphe de l'Hombre, mettre tout ce que vous auriez de meilleur pour aſſurer par-là ſon jeu.

Eſpadille, *Manille*, *Dame* & *Valet* peut encore être joué, en appellant le Roi qui convient mieux à la ſituation du jeu.

JEUX EN NOIR QUI PEUVENT SE JOUER.

Baſte, *Roi*, *Dame*, *Valet* & *Six*, en appellant le Roi do celle dont on a le moins: vous obſerverez d'être en régle autant que vous le pourrez.

De même que *Manille*, *Roi*, *Dame* & *Six*, avec un Roi; en obſervant toujours ce que nous avons dit ci-devant.

Vous jouerez encore *Eſpadille*, *Dame*, *Valet*, *Six* & *Cinq*, une Dame gardée dont vous appellerez le Roi.

De même que *Roi*, *Dame*, *Valet*, *Sept*, *Cinq* & un Roi.

Il y a une infinité d'autres jeux, qui peuvent être jouez, qu'il ſeroit trop long de raporter; il suffit de dire qu'il n'est pas prudent de jouer sans avoir pour le moins trois mains assurées, & quatre même, si l'on veut gagner, ne devant pas esperer trois mains du Roi appellé.

Le Sans-Prendre mérite qu'on y fasse réflexion, puisque celui qui joue, bien loin d'être aidé par personne, trouve ses trois adversaires réunis pour le faire perdre: ainsi pour jouer sans prendre, il faut être assuré de six mains, qu'il faut faire pour gagner; l'on ne doit pas beaucoup compter sur les Dames gardées; l'on pourra jouer les jeux suivans, sans prendre, en rouge.

JEUX QU'ON PEUT JOUER SANS PRENDRE EN ROUGE.

Espadille, *Manille*, *Ponte*, *Roi*, *Deux* & *Quatre*, avec un Roi. Il faudra commencer par trois fois à tout, si l'on est premier, d'Espadille, Manille & Ponte, pour ôter les triomphes des mains des Joueurs, afin d'empêcher qu'on puisse, ni vous surcouper, ni couper votre Roi.

Vous observerez que si ce n'étoit pas à vous à jouer, mais que vous fussiez en cheville, si le premier, après vous avoir joué un Roi, vous jouoit encore de la même couleur où vous auriez renoncé, il faudroit, ou ganer de votre fausse, ou couper du Ponte ou du Roi, afin d'en être assuré, ou de faire la levée, ou de forcer le Baste. Si la levée est à vous, ou que la suivante vous vienne, il faudra faire à tout, comme il a été dit ci-devant.

Vous pourrez jouer aussi sans prendre, avec *Espadille*, *Manille*, *Baste*, *Valet*, *Quatre* & *Cinq*, c'est-à-dire, trois Matadors sixiémes, & un Valet & Dame de même couleur; je dis de même couleur, parce que cela vaut un Roi; il vous restera deux fausses, ou d'une même couleur, ou de couleur differente; si elles sont de couleur differente, & qu'ayant été joué le Roi de l'une, on fasse le retour de la même couleur dont vous n'avez plus, il sera prudent de s'en aller de cette fausse, qui vous fera une renonce; après cela, si l'on vous rejouë pour la troisiéme fois de la même, il faut couper d'un Matador, & faire trois fois à tout, ce qui doit naturellement abattre toutes les triomphes; après quoi, si l'on ne jouë de la couleur en laquelle est votre Dame & Valet, vous couperez, & jouerez l'un des deux, vous reservant une triomphe pour pouvoir rentrer en jeu, & jouer celle des deux qui vous restera pour faire votre sixiéme main.

L'on peut encore jouer *Manille*, *Baste*, *Ponte*, *Roi*, *Deux*, *Trois* & un Roi, c'est-àà-dire, quatre faux Matadors sixiémes & un Roi : l'on appelle faux Matadors, lors qu'il manque Espadille pour faire plusieurs Matadors ; il faudroit sur un retour couper d'un faux Matador, afin de n'être pas surcoupé, & faire à tout.

L'on pourra encore jouer *Manille*, *Ponte*, *Roi*, *Dame*, *Deux*, *Quatre* & *Cinq*, avec un Roi.

Il n'y a qu'à observer au jeu de Quadrille, sur tout aux Sans-prendre, qu'il faut faire à tout le plus souvent qu'on le peut ; la situation du jeu doit cependant régler le nombre des fois qu'il est à propos de le faire ; car si toutes les triomphes étoient dans un même jeu, il faudroit que la force du jeu que l'on a, réglât la maniere de le jouer.

L'usage & le bon sens doivent apprendre ces sortes de choses.

Jeux qu'on peut jouer sans prendre en noir.

En noir, parce qu'il y a une triomphe moins qu'en rouge, l'on joue à plus petit jeu ; vous pourrez donc jouer les jeux suivans.

Manille, *Baste*, *Dame*, *Valet*, *Six* & *Cinq*, un Roi & une Dame troisiéme ; de même que *Espadille*, *Manille*, *Roi*, *Sept*,

Cinq & *Quatre*, avec un Roi & une Dame & Valet de même couleur.

Vous jouerez auſſi *Manille*, *Roi*, *Dame*, *Valet*, *Six*, *Cinq*, *Trois* & un Roi. Vous pourrez encore jouer *Eſpadille*, *Manille*, *Baſte*, *Dame*, *Sept* & un Roi. Vous obſerverez que ſur des retours, il n'eſt pas prudent de couper de baſſes triomphes, à moins que le jeu ſoit tel, que l'on y ſoit obligé pour pouvoir gagner. Je repeterai encore ici, que le jeu ordinaire & la maniere la plus ſûre de jouer ſans prendre, eſt de faire à tout le plus ſouvent que l'on peut, ſans pour cela ſe trop affoiblir ſoi-même, pour vouloir affoiblir les autres : Il y a une infinité d'autres jeux que l'on doit jouer ſans prendre en l'une & en l'autre couleur. Il n'y a pour être aſſuré des jeux que l'on peut jouer, qu'à avoir toujours préſente la néceſſité de faire ſeul ſix mains, malgré les efforts des trois autres Joueurs : l'uſage apprendra le reſte.

LE ROY RENDU.

OUtre la maniere ordinaire de jouer le Quadrille, il y en a une que l'on appelle au Roi rendu, qui ſuit en tout les regles & la maniere de jouer du précedent, à la reserve qu'il est libre à celui qui a *le Roi apellé*, de le rendre à celui qui l'appelle, qui doit en échange lui donner une carte de son jeu.

Ce jeu ne se jouë de la sorte, que pour empêcher qu'on ne puisse jouer de petits jeux; ce qui ôte beaucoup de l'agrément du Quadrille ordinaire, & fait que cette maniere de jouer plus gênante a trouvé nombre de partisans, beaucoup plus parmi les hommes capables d'un amusement plus sérieux, que parmi le beau Sexe, qui n'y a pas trouvé le même agrément qu'au Quadrille ordinaire, n'y ayant pas la même liberté.

Ce Quadrille ne differe absolument de l'autre, qu'en ce qu'il est permis à celui qui a le Roi appellé, de le rendre à l'Hombre; ce qui fait qu'il y a quelques regles qui lui sont particulieres: les voici.

I. Celui qui ayant le Roi appellé a mauvais jeu, peut rendre le Roi apellé à l'Hombre, qui doit lui donner en échange telle carte que bon lui semblera de son jeu, & chaque Joueur est en droit de voir la carte échangée.

II. Celui qui ayant le Roi appellé auroit beau jeu, & rendroit le Roi pour faire perdre l'Hombre, feroit la Bête, sans que l'Hombre fût pour cela exempt de la faire aussi, s'il ne gagnoit pas le jeu; il faut que le Roi appellé ait trois mains sûres pour être dans ce cas.

III. Celui à qui l'on a rendu le Roi, est obligé avec ce secours, de faire six mains seul, les autres Joueurs étant réunis contre lui.

IV. Il ne partage avec personne, s'il gagne, il paye de même seul s'il perd.

V. L'on ne peut point rendre le Roi à celui qui jouë forcé avec Espadille, ainsi qu'au Quadrille ordinaire, qui est le même que celui-ci dans toutes ses autres regles. Il y a des maisons où l'on jouë le jeu ci-devant en rendant le Roi d'obligation; c'est-à-dire que celui qui jouë, jouë toujours seul, & le dernier est obligé de jouer, si tous les autres ont passé, en appellant un Roi qu'on lui rend, ou Espadille, ainsi qu'ils sont convenus.

L'on jouë encore un autre jeu, qu'on appelle mal-à propos Quadrille, puisqu'il est joué à trois personnes; cependant comme l'on suit presqu'en tout les loix du Quadrille, il doit être mis ici.

LE QUADRILLE DIT A TROIS.

LE Jeu que quelques personnes jouent sous le bizarre nom de Quadrille à trois, est un jeu sans agrément, & qui ne sçauroit être goûté par ceux qui possedent le jeu de l'Hombre ; il est cependant propre à donner une idée du Quadrille à ceux qui sont bien aises de l'apprendre.

La maniere de jouer est disgracieuse pour l'Hombre, qui a toûjours deux adversaires à combattre. C'est un jeu qui n'est jamais joué qu'au défaut d'un quatriéme pour le Quadrille, dont on suit en tout les loix, à l'exception des suivantes qui lui sont particulieres.

I. Pour jouer ce jeu, il ne faut que trente cartes ; il faut donc ôter une couleur rouge entiere, que ce soit celle de Cœur ou de Carreau, n'importe : on jouera avec dix cartes, comme au Quadrille, & celui qui jouera, soit en appellant ou sans prendre, doit faire six mains pour gagner ; s'il n'en fait que cinq, elle est remise ; & perd Codille, s'il n'en fait que quatre ou moins.

II. Le jeu ſe marque & ſe paye ainſi qu'au Quadrille; mais la Bête eſt de quatorze, encore qu'elle ſoit faite ſur treize jettons ſeulement, & ainſi des autres, comme à la table miſe cy-devant au Quadrille ordinaire.

III. Celui qui joue en appellant, après avoir nommé ſa couleur, appelle ou plûtôt demande un Roi tel qu'il juge convenable à ſon jeu; celui de ſes deux adverſaires qui l'a, eſt obligé de le lui donner, & de recevoir en échange telle fauſſe de ſon jeu que bon lui ſemble, & que le tiers eſt en droit de voir, moyennant quoi il doit faire les ſix mains pour gagner. La loy eſt la même à l'égard de celui qui a été obligé de jouer, parce qu'il a Eſpadille, tous les joueurs ayant paſſé.

Il n'eſt point permis de jouer en la couleur qui eſt ôtée, parce que s'il étoit permis avec Eſpadille ſeul, & des cartes qui fuſſent Rois, on pourroit faire la vole, ſans que l'on pût s'y oppoſer.

Ce jeu ſuit en tout le reſte des Loix du Quadrille, auſquelles on doit avoir recours pour les cas qui peuvent arriver.

NOUVELLES ADDITIONS

POUR LE JEU

DE QUADRILLE.

SI celui qui est appellé se trouve au-dessus de l'Hombre, il doit, s'il n'a qu'une fausse & un petit à-tout, jouer cette fausse, parce qu'il peut faire une main de cette couleur qu'on lui rejouera.

S'il a un Matador avec un petit à-tout, il doit jouer son Roy pour se faire connoître, ensuite jouer le petit à-tout, qui est un signal à l'Hombre qu'il a un Matador, ce qui fait que l'Hombre doit prendre d'un bon, & faire à-tout d'un petit que son Roi voit venir.

Si celui qui est appellé est au-dessous de l'Hombre & premier à jouer, il doit faire à-tout d'un petit, parce que l'Hombre qui le voit venir, prend & joue à son Roy, qui prend & rejoue une fausse, s'il l'a seule, ou fait à-tout des Matadors, s'il en a, ou joue un Roy & la Dame, s'il les a, ne rejouant de la couleur du Roy appellé que quand il n'a rien. Il doit observer à la sixiéme main de jouer une fausse où l'Hombre coupe, pour le mettre en état d'entreprendre la vole, s'il a des Matadors & cartes Rois.

Si le Roy appellé est en cheville, il doit jouer son Roy, ensuite jouer une fausse s'il l'a seule, ou à-tout d'un bon s'il l'a, sinon faire un retour de la couleur du Roy appellé.

Quand on est appellé, & qu'on a Roy & Dame d'une couleur, il faut les jouer si l'on n'a pas des Matadors.

Lorsque l'on coupe à une couleur dont il a été joué deux fois, il faut couper de ce qu'on a de meilleur.

Quand on joue une fausse où vous coupez, n'eussiezvous- que le Baste, il faut le mettre, crainte que l'Hombre où le Roy appellé n'ait le Roy de cette fausse: Voilà la raison pour laquelle ceux qui ne sont point appellez doivent jouer d'abord des fausses, ou la Dame dont ils ont le Valet. Bien des joueurs quand ils sont appellez, jouent la Manille ou le Baste d'abord : mais comme un joueur qui ne seroit pas appellé peut les imiter, l'inconvenient fait que je n'approuve pas cette façon de jouer & que dans le doute, je conseille à l'hombre de prendre.

Il faut remarquer les couleurs dont on a joué deux fois, pour n'en pas rejouer, à moins que celui avec qui vous êtes ne voye venir.

Il ne faut jamais jouer de la fauſſe jouée par celui qui eſt contre vous, ni de la couleur du Roy appellé.

Il faut s'en aller des fauſſes dont on a les Rois, & garder le Valet troiſiéme de la couleur dont on n'a pas joué, & qu'on juge que l'Hombre a des fauſſes.

Quand on eſt appellé, & que l'Hombre vous lâche ſur à-tout, il faut toujours rejouer à-tout, tant qu'on en a.

Si l'Hombre joue ſans prendre, & que vous ſoyez au-deſſus, & premier à jouer, il faut jouer de la couleur dont vous avez le plus, ſi vous n'avez pas un Roy & Dame à une couleur ; car ſi vous n'avez que des Rois, il faut voir venir, crainte de rendre les Dames de l'Hombre bonnes.

Si au contraire vous êtes au-deſſous de l'Hombre, & que vous ayez une fauſſe ſeule & quelqu'à-tout, il faut les jouer ; & ſi la fauſſe paſſe à un Roy au-deſſus de l'Hombre, il doit en rejouer ; mais ſi c'eſt au-deſſous, ce dernier doit jouer un autre fauſſe.

Lorſque l'Hombre joue ſans prendre, il faut remarquer à quoi il coupe, & en jouer toûjours pour conſommer ſes à-touts, & conſerver ceux des autres qui peuvent le ſurcouper : l'on juge de ſes fausses par le Roi qu'il a coupé. L'on doit garder trois ou quatre des meilleures cartes de la couleur qu'on juge qu'il a des fausses dont il peut avoir le Roy, & ne pas se défaire de cette couleur.

L'on doit, quand on n'est point appellé, & premier à jouer au-dessus de l'Hombre, jouer un petit à-tout, si on l'a seul, ou une fausse, fusse une Dame quand elle est seule, ou une fausse dont on a la Dame, ou la Dame dont on a le Valet, ou un Roy quand on n'en a pas le Valet; car si on l'a, il faut jouer une autre carte pour voir venir, afin de faire deux mains, prenant la Dame avec le Roy, ce qui rend le Valet bon.

Observez de vous en aller du Valet & de la Dame, lorsqu'on joue de cette couleur, & que vous avez l'As & le Deux en rouge, ou le Sept en noir; car autrement l'on ne doit point se défaire de trois de ces cartes, à moins que l'Hombre n'y coupe.

Si l'on n'est point appellé, & qu'on ait plusieurs petits à-touts, ou quelques Matadors, & que l'on soit au-dessus de l'Hombre, & à jouer, il faut jouer à-tout d'un de ces petits, & même quand on n'en auroit qu'un. Si l'on a deux cartes de chaque couleur, il faut jouer cet à-tout.

Lorſque l'on eſt à jouer, & que l'on a Eſpadille & Baſte, il faut jouer une autre carte, pour voir venir, afin de prendre la Manille avec Eſpadille, & rendre le Baſte bon, ainſi des autres cartes, comme Roy & Valet, lorſque la Dame n'eſt pas jouée & autres à-touts ; de même ſur la fin du jeu, s'il reſte le ſept & le deux de cœur & un à-tout qui eſt ſeul, il faut jouer le ſept de cœur pour faire tomber le Valet qui doit reſter, & quelque choſe que l'on joue enſuite, on fait ces deux mains.

Quand l'Hombre vous voit venir, ſi vous avez Manille gardée, il faut lâcher & ne point couper.

Le point déciſif eſt de voir venir en à-tout & en toutes autres couleurs, après que les premiers coups ſont jouez, & que l'on ſçait une Triomphe en carte Roy, entre les deux que l'on a.

Si l'Hombre joue ſans prendre, & coupe à deux Rois, l'on ſçait par-là ſes fauſſes.

Quand on fait jouer & que l'on n'eſt pas fort en Matadors, mais que l'on a des Rois ou Dames gardées, il faut faire à-tout d'un petit pour voir venir, & rendre ſes Rois ou Dames bonnes.

Si vous êtes avec l'Hombre, & qu'il s'en aille d'une couleur, & qu'il ait été joué deux fois de la couleur de ſon Roi, jouez de celle dont il s'en va.

Quand celui qui est appellé a Manille & Baste, il doit à la quatriéme main prendre de l'un, & faire à-tout de l'autre; mais auparavant il doit avoir fait voir ses Rois, à moins qu'il n'eût un Roy & un Valet, auquel cas il doit attendre, & jouer plûtôt ses Matadors.

Si l'Hombre fait à-tout de la Dame ou du Valet, & que la main lui vienne, il doit retourner à-tout, parce qu'il doit voir que c'est son Roy qui a les Matadors.

Si l'Hombre joue d'abord la fausse à son Roy, & que son Roy se trouve avoir Espadille & Manille troisieme avec un autre Roy & Dame, il doit, après avoir pris du Roi appellé, jouer Espadille & Manille, le Roy & la Dame, cela fait cinq mains, & remarquer si l'Hombre coupe à ce dernier Roy, en rejouer ou de la Couleur du Roy appellé, ou faire à-tout, parce que si l'Hombre n'a pas le Baste, il prend & montre.

Que si l'Hombre lâche à la sixiéme main, cela fait connoître qu'il veut que l'on entreprenne la vole.

Quand on veut entreprendre la vole, il faut faire à-tout d'Espadille pour faire tomber Manille ou Baste, lorsqu'on ne l'a pas; car votre Roy l'auroit fait voir s'il l'avoit eu seul avant la sixiéme main.

Quand l'Hombre joue avec les deux

As

As noirs, il doit faire d'abord à-tout d'un petit pour voir venir ; & faisant après à-tout d'Espadille, Manille tombe ordinairement : même s'il joue sans les As noirs, il doit faire à-tout, si c'est à lui à jouer.

Pour empêcher la vole, il faut remarquer la couleur où l'Hombre & son Roy n'ont pas coupé, pour en garder les bonnes cartes, & préferablement celles dont celui qui est avec vous n'a point, & de celles dont le Valet & la Dame sont tombez.

Quand la carte pour la vole est jouée, ceux qui sont contre, & qui ont quatre cartes, doivent jetter sur cette carte les Rois & Dames qui sont Roy où l'on a coupé, & garder un Valet troisieme d'autre couleur ; & l'autre garde la meilleure dont le Roy & la Dame ont été jouez, parce que ce doit être la fausse sur quoi la vole est hazardée.

L'Hombre doit remarquer si son Roy après avoir pris, joue une autre fausse ; c'est-à-dire, qu'il coupera en cette couleur, & ne pas manquer de lui en rejouer dès que la main lui vient.

Si celui qui est appellé joue une fausse, & que celui qui la prend soit contre l'Hombre, il doit après avoir pris, faire à-tout d'un petit, si son camarade voit venir, afin de faire tomber l'à-tout du Roy appellé qui ne coupera plus après.

LOIX DU JEU DE QUADRILLE.

I. IL n'eſt pas permis de donner les cartes autrement que par quatre & trois, étant libre à celui qui mêle, de commencer par quatre ou par trois : ſi en donnant les cartes il s'en trouve une ou pluſieurs tournées, on refait.

II Si le jeu eſt compoſé de plus ou moins de cartes, on refait.

III. S'il y en a deux de même maniere, & qu'on s'en apperçoive avant le coup achevé, le coup eſt nul : ſi toutes les cartes ſont jouées, le coup eſt bon, de même que les précedens qui ont été jouez.

IV. Celui qui donne mal, refait, & ne fait pas la Bête.

V. Si celui qui joue, ou ſans prendre ou en appellant, nomme une autre couleur que celle où il a ſon jeu, ou qu'il nomme deux couleurs, celle qu'il a nommée la premiere eſt la triomphe, ſans pouvoir en revenir.

VI. Celui qui joue, doit nommer sa couleur par son nom propre, de même que le Roy qu'il appelle.

VII. Celui qui a dit, passe, ne peut plus être reçû à jouer, à moins qu'il ne joue forcé, parce qu'il a Espadille.

VIII. Celui qui a demandé à jouer, est obligé de jouer.

IX. Celui qui a demandé à jouer, ne peut jouer sans prendre, à moins qu'on ne le force.

X. Celui qui a demandé à jouer, peut jouer sans prendre, par préference à celui qui le force.

XI. Celui qui a les quatre Rois, peut appeller la Dame d'un de ses Rois.

XII. L'on ne peut appeller le Roy ni la Dame de la couleur qui est triomphe.

XIII. Celui qui a un ou plusieurs Rois, peut appeller un des Rois qu'il a; il est pour lors obligé de faire six mains seul pour gagner; il gagne sans partager avec personne, & perd seul.

XIV. L'on ne peut point demander gano à son ami, ni le faire appuyer.

XV. L'on ne doit jouer qu'à son rang, mais l'on ne fait pas la Bête pour cela.

XVI. Celui cependant qui n'étant pas premier à jouer, & ayant le Roy appellé, joueroit à-tout d'Espadille, Manille ou Baste, ou même joueroit le Roy appellé, pour faire connoître qu'il est l'ami, ne sçauroit entreprendre la vole, il seroit même condamné à faire la Bête, si l'on connoissoit de la mauvaise foi dans son procedé.

XVII. Celui qui a tiré de son jeu une carte, & l'a présentée à découvert pour la jouer, est obligé de le faire, si elle peut, étant conservée, préjudicier au jeu, ou en donner connoissance à l'ami, principalement si c'est un Matador; celui qui joue sans prendre, n'est pas sujet à cette loi, non plus que celui qui joue seul, s'étant appellé.

XVIII. Celui qui n'a pas de la couleur dont on joue, n'est pas obligé de couper, ni de mettre au-dessus de la carte jouée, quoiqu'il le puisse.

XIX. Il est libre de tourner les levées faites par les autres, pour voir ce qui a été joué.

XX. L'on ne doit tourner les levées faites, ni compter tout haut ce qui est passé, que lorsque l'on est à jouer, devant laisser compter son jeu à chacun.

XXI. Celui qui au lieu de tourner les levées qui sont devant un des joueurs, tourne & voit son jeu, fait la Bête de moitié avec celui à qui sont les cartes retournées.

XXII. Celui qui renonce fait la Bête

autant de fois qu'il renonce, ſi on l'en fait appercevoir à chaque differente fois qu'il a renoncé ; ſi les cartes ſont pliées, il ne fait qu'une Bête quand il auroit renoncé pluſieurs fois.

XXIII. Il faut, pour que la renonce ſoit faite, que la levée ſoit pliée, ou que celui qui a renoncé ait joué ſa carte pour le coup ſuivant, pouvant autrement la reprendre ſans avoir fait faute.

XXIV. Si la renonce préjudicie au jeu, & que le coup ne ſoit pas achevé, on peut reprendre le jeu, & le commencer à la levée où la renonce a été faite ; mais ſi le coup eſt achevé de jouer, on ne reprend plus le jeu.

XXV. Celui qui ayant demandé en quoi eſt la triomphe, couperoit de la couleur qu'on lui auroit dit, quoiqu'effectivement ce ne fût pas la triomphe, ne feroit pas la Bête.

XXVI. Celui qui ſans avoir demandé la triomphe, couperoit d'une couleur qui ne la ſeroit pas, & auroit plié la levée, feroit la Bête.

XXVII. Celui qui montre ſon jeu avant que le coup ſoit gagné, fait la Bête, excepté celui qui joue ſans prendre, ou ſeul.

XXVIII. Pluſieurs Bêtes faites ſur un même coup, vont enſemble, à moins qu'il ne ſoit convenu autrement.

XXIX. Les plus fortes Bêtes ſe jouent toûjours les premieres.

XXX. Les trois Matadors ne peuvent être forcez par une triomphe inferieure.

XXXI. Le Matador ſuperieur force l'inferieur, lorſqu'il eſt joué par le premier qui joüe.

XXXII. Le Matador ſuperieur ne force pas l'inferieur, s'il eſt joué ſur une triomphe inferieure premierement jouée.

XXXIII. Les Matadors & le Sans-prendre ne peuvent plus ſe demander, quand on a coupé & mêlé pour le coup ſuivant, à moins que par affectation l'on ne mêlât & coupât ſi vite, qu'on ne lui en donnât pas le temps; auquel cas, s'il n'a rien reçû pour le jeu & la Conſolation d'aucun des joueurs, il eſt en droit de demander le Sans-perdre & les Matadors, avec le jeu qui lui eſt encore dû; ſi c'étoit lui qui eût occupé ou donné les cartes, il ne pourroit plus y revenir.

XXXIV. Si celui qui joüe ſans prendre avec des Matadors, demande l'un ſans demander l'autre, il ne lui eſt dû que ce qu'il a demandé.

XXXV. Celui qui demande des Matadors n'en ayant pas, au lieu de demander le Sans-prendre; de même que celui qui demande le Sans-prendre au lieu des Matadors, ne peut point exiger qu'on lui paye ce qui lui est vertablement dû, ce jeu demandant une explication formelle : celui qui jouë en appellant, n'est pas reçu à cette distinction.

XXXVI. Si l'un des deux Joueurs a été payé des Matadors, l'autre est en droit de s'en faire payer, encore qu'ils n'ayent pas été demandez.

XXXVII. Les Matadors ne se payent que lors qu'ils sont dans la main de ceux qui font jouer ensemble, ou séparément.

XXXVIII. Celui qui jouë sans prendre est obligé de nommer sa couleur, quoi qu'il ait jeu sûr.

XXXIX. Le Jeu, le Devant, la Consolation, & la Bête ne se prescrivent pas; on peut les demander plusieurs coups aprés.

XL. On ne peut pas revenir des méprises qui peuvent avoir été faites en comptant les Bêtes, passé le coup d'aprés qu'elles ont été tirées.

XLI. Celui ou ceux qui faisant jouer, font toutes les mains, gagnent ce qu'on est convenu pour la vole.

XLII. La vole ne tire point les Bêtes qui ne vont pas au jeu.

XLIII. Celui qui ne fait pas la vole l'ayant entreprise, paye ce qu'on lui auroit payé s'il l'avoit faite.

XLIV. La vole eſt entrepriſe, lors qu'après avoir fait les ſix premieres mains, ſoit qu'on ſoit ſeul, ou avec le Roi appellé, on a joué la carte pour la ſeptiéme main.

XLV. Quand la vole eſt entrepriſe, on ne peut plus s'en dédire.

XLVI. Celui qui parleroit ſur le jeu pour encourager ſon ami, ne pourroit prétendre à la vole.

XLVII. Celui qui parleroit pour l'en faire déſiſter, feroit la Bête.

XLVIII. Il n'eſt pas permis d'avertir ſon ami qui eſt à jouer, que l'on a ſix mains.

XLIX. Ceux qui défendent la vole, ne peuvent point ſe communiquer leur jeu, quoique la vole ſoit entrepriſe; & les uns ni les autres ne doivent pas dire un mot qui intereſſe le jeu.

L. Celui qui a été forcé de jouer avec Eſpadille, ne peut prétendre à la vole.

LI. La vole ne ſçauroit être entrepriſe, que le Roi appellé n'ait paru.

LII. L'on peut, lorſque le Roi appellé n'a point paru, jouer juſqu'à la derniere carte, ſans encourir la peine de ceux qui manquent la vole.

LIII. Ceux qui feroient la vole ſans avoir fait connoître le Roi, n'en ſeroient point payez, encore que la Dame en eût été jouée, & eût fait une levée, pouvant arriver que celui qui a le Roi, a gané par mégarde, ou voulu faire l'impasse, la Dame ne dénotant pas le Roi.

LIV. Ceux qui ayant entrepris la vole, ne la font point, ne laissent pas de gagner le jeu, le devant & les Bêtes, s'il en va sur le jeu, & de se faire payer le jeu, la consolation & les Matadors, s'ils en ont, de même que les Sans-prendre.

LV. Ceux qui admettront le Contre au jeu de Quadrille, le recevront à jouer par préference au premier en carte, qui voudroit jouer sans prendre.

LVI. Celui qui ayant joué sans prendre, s'est engagé à la vole sans la faire, paye à chacun le droit de la vole, & il n'est payé ni du Sans-prendre, ni des Matadors, s'il en a, pas même de la consolation, ni du jeu; il ne tire point le devant, mais il ne fait point la Bête, à moins qu'il ne perde le jeu, auquel cas il doit payer à chacun, outre la vole manquée, ce qui lui revient pour le jeu, & fait la Bête de ce qui est au jeu.

LVII. Celui qui fait jouer, & ne fait point trois mains, ou quatre ainsi qu'on est convenu, fait la Bête seul, & paye ſeul auſſi tout ce qui eſt à payer ; & s'il n'en faiſoit point, il payeroit outre cela à ſes deux adverſaires le droit de la vole, & non à ſon ami, afin que cet appas de gain ne l'engageât point à jouer contre celui qu'il doit ſecourir lorſque le jeu eſt déſeſperé.

LVIII. Lorſque l'on jouë au Roi rendu, celui à qui le Roi a été rendu, eſt obligé de faire ſeul ſix mains ; au ſurplus il gagne ou perd ſeul.

LIX. Si celui qui a commencé la Partie ne veut point l'achever, il doit payer tout ce qu'il y a de perte au jeu, & les cartes.

LX. Si c'étoit pour vaquer à des affaires importantes, on pourroit remettre la Partie, en prenant un mémoire de l'état du jeu, du conſentement des autres Joueurs.

DECISIONS NOUVELLES

SUR LES DIFFICULTEZ & incidens qui peuvent survenir au Jeu de Quadrille.

ARTICLE PREMIER.

De la Donne.

S'Il se trouve une carte tournée, quelle qu'elle puisse être, en donnant, il faut refaire ; la raison en est, qu'il n'est pas juste qu'un des joueurs ait le désavantage qu'on lui sçache une carte de son jeu qui pût lui porter préjudice, s'il fait jouer sans prendre, ou en appellant un Roi, ou même en défendant le jeu. D'ailleurs, la loi ne seroit pas égale, si la carte tournée qui vient à l'un des Joueurs étoit reçuë & le coup jugé bon, pendant que s'il en venoit une seconde tournée à un autre Joueur, & une troisiéme à un autre, le coup ne vaudroit pas, & seroit reputé faux; cependant cette seconde ou troisiéme carte venuë à differens joueurs, ne pourroit faire dans leur jeu que l'effet que la pemiere peut faire dans le jeu de celui qui l'a ; par consequent le jeu de deux ou trois cartes tournées à differens Joueurs étant reputé faux, il est raisonnable qu'à une seule il le soit aussi.

Il n'est pas permis de donner les cartes autrement que par quatre & trois, comme certains Joueurs le prétendent mal à propos, puisque suivant en tout ce qu'on peut les loix de l'Hombre, où les cartes ne peuvent être données que trois à trois, il n'est point juste de s'écarter de cette loi, qui n'a rien que de fort raisonnable, & qui est contraire aux abus qui pourroient provenir de la liberté de donner à sa fantaisie, par la connoissance que quelques Joueurs de mauvaise foi pourroient avoir des cartes.

ARTICLE SECOND.

De la maniere d'appeller.

LE sentiment de quelques Joueurs, qui veulent que celui qui a les quatre Rois, passe, s'il ne Jouë sans prendre, est contraire à la liberté du jeu de Qua-

Quadrille, & la raiſon veut qu'il lui ſoit libre de jouer, ou en apellant une Dame, ou un de ſes Rois; étant généralement reçu que celui qui ne veut pas hazarder le Sans-prendre, peut apeller un de ſes Rois, & s'il ne veut pas jouer ſeul, apeller une Dame autre que celle de la triomphe.

Obſervez que pour apeller une Dame, il faut avoir les quatre Rois; ainſi ſi l'on n'avoit pas celui de la triomphe, quoique l'on eût les trois autres, on ſeroit obligé d'appeller un des Rois que l'on a, ou de paſſer.

ARTICLE TROISIE'ME.

De la maniere de jouer les Cartes.

COmme les peines ne ſont impoſées aux fautes qui ſe font dans tous les jeux de commerce, que pour empêcher les abus que la mauvaiſe foi pourroit introduire, l'on a jugé à propos d'uſer de ſévérité pour les coups ſuivans, à cauſe qu'il ſeroit aiſé d'en abuſer s'ils étoient jugez autrement.

Celui qui a tiré une carte de ſon jeu, & l'a préſentée à découvert pour la joueeſt obligé de le faire, ſi elle peut, étant conſervée, préjudicier au jeu, ou en donner connoiſſance à l'ami, principalement ſi c'eſt un Matador.

Ce cas eſt auſſi-bien pour ceux qui défendent la Poule, que pour ceux qui font jouer.

Celui qui jouë ſans prendre, ou ſeul, s'étant appellé lui-même, n'eſt pas ſujet à cette loi, ne pouvant tirer aucun avantage de la carte qu'il montreroit.

Celui qui n'étant pas premier à jouer, & ayant le Roi appellé, jouë à tout d'Eſpadille, Manille ou Baſte, ou même jouë le Roi apellé pour faire connoître qu'il eſt l'ami, ayant d'autres Rois qu'il craint que l'Hombre lui coupe, ne peut point prétendre la vole : il doit même être condamné à faire la Bête, ſi la carte montrée ſert à faire gagner le jeu qui ſeroit douteux.

ARTICLE QUATRIE'ME.

Des mépriſes & des accidens.

LA liberté que l'on a au Quadrille de voir ce qui s'eſt paſſé dans les levées faites, peut faire commettre une faute qui vient des deux Joueurs, l'un la faiſant,

& l'autre l'occasionnant ; ce qui a fait décider le coup de la maniere ci-après.

Celui qui au lieu de tourner les levées d'un des Joueurs, tourneroit son jeu, qui seroit devant lui, & le verroit, ou le feroit voir aux autres Joueurs, feroit la Bête de moitié avec celui à qui seroit le jeu vû ; l'un payeroit pour son peu d'attention, & l'autre pour sa nonchalance, devant toujours avoir son jeu à la main pendant que le coup se jouë. Cette loi est d'autant mieux établie, qu'elle empêche plusieurs abus. 1. Les piéges que l'on pourroit tendre à ceux qui voudroient compter le jeu, en mettant les jeux auprès des levées faites. 2. La mauvaise foi de celui qui faisant semblant de compter le jeu, tourneroit les cartes des Joueurs qui pourroient par hazard ou mégarde les avoir posées sur la table.

ARTICLE CINQUIE'ME

Des Renonces.

CElui qui renonce ne fait point la Bête, quand même la main seroit levée en l'air, s'il s'en apperçoit, & empêche que la main ne soit pliée sur le tapis ; mais si elle est renversée par celui qui la gagne, il fait la Bête.

Il fait aussi la Bête, lorsque la main est couverte d'une autre carte par celui à qui elle appartient, à moins que sur le champ il n'avertisse lui-même, & avant que d'avoir rejoué; auquel cas il reprendroit sa carte sans faire la Bête.

Celui-là ne renonceroit pas, à qui l'on auroit dit, la triomphe est en telle couleur, & qui n'ayant pas de la couleur jouée, couperoit de celle qu'on lui auroit dit être la triomphe; mais il ne pourroit reprendre sa carte, & la levée iroit à qui elle seroit de droit, n'étant pas naturel de punir la bonne foi comme la mauvaise, ou ce qui peut l'être reputé.

Celui qui sans avoir demandé la triomphe couperoit d'une carte qui ne la seroit pas, & auroit plié la levée, feroit la Bête, si l'on s'en appercevoit, pouvant y avoir de la mauvaise foi.

Celui qui renonce plusieurs fois en un coup, si l'on ne s'en apperçoit qu'après que les cartes sont pliées sur le tapis, ne fait qu'une Bête; mais si après qu'on l'a fait appercevoir de la premiere, on le fait encore appercevoir d'une seconde, & après d'une troisiéme, il fait autant de Bêtes qu'il a renoncé de fois, & il doit reprendre ses cartes, & les jouer de la maniere qu'il faut ; les autres Joueurs doivent obſerver de jouer le coup de même qu'ils l'avoient joué auparavant.

ARTICLE SIXIE'ME.

Des fautes de montrer ſon Jeu.

LA faute de montrer ſon jeu, pour être ordinaire, n'en eſt pas moins conſiderable, puiſque la tolerance que l'on en feroit pourroit introduire pluſieurs abus.

Il ne ſera donc pas permis à ceux qui font jouer, ni à ceux qui défendent la Poule, de montrer leur jeu, que le jeu ne ſoit gagné, parce que l'ami de celui qui a montré ſon jeu pourroit en tirer avantage ; ainſi celui qui le montreroit feroit la Bête.

Ce cas ne regarde pas le Sans-prendre, ni celui qui s'eſt apellé, dont le jeu ne peut être favoriſé de perſonne.

Ceux qui défendent la Poule, encore qu'ils ayent fait ſix mains, ne doivent point montrer pour cela leur Jeu, mais jouer juſqu'à la derniere carte, pour voir ſi l'Hombre fera ſes trois mains, pour ne pas faire la Bête ſeul.

ARTICLE SEPTIE'ME.

Des fautes de parler.

IL n'eſt pas permis de parler en quelque maniere que ce ſoit au jeu de Quadrille, pas même de dire cela eſt Roi, celui qui eſt à jouer devant le ſçavoir, ou pouvant l'apprendre par les levées déja faites; l'on ne doit pas non plus dire que l'on a coupé à telle ou telle couleur; celui qui eſt à jouer ne peut pas même le demander, mais le chercher dans les cartes déja paſſées.

Celui qui parleroit ſur le jeu pour encourager ſon ami, ne pourroit prétendre à la vole.

Celui qui parleroit de maniere à l'en faire déſiſter, feroit la Bête.

Il n'eſt ſeulement pas permis de dire que l'on a ſix mains.

La liberté que chaque Joueur a de voir les levées faites, toutes les fois que bon lui ſemble, ne doit s'entendre que pour les coups où ſon tour vient de jouer, n'ayant beſoin de ſçavoir ce qui a paſſé, que lorſque ſon tour eſt venu de jouer, pour ſe déterminer.

On remediera par là aux abus qui ſe

commettent assez souvent, lorsque celui dont le tour de jouer est passé, ou n'est pas encore venu, compte telle ou telle couleur, puis qu'il détermine par là celui qui est en suspens à jouer une carte plûtôt que l'autre; d'ailleurs, outre le préjudice que cela peut porter au jeu, il n'est pas de l'honnêteté de le faire.

ARTICLE HUITIE'ME.

De la Bête.

LA Bête ne se prescrit point; on est en droit de la demander plusieurs coups après, en prouvant que l'on a gagné sur le coup où elle devoit naturellement aller; mais il n'en est pas de même des méprises que l'on peut faire en comptant les Bêtes: car, par exemple, si une Bête qui devroit être de cinquante-six, n'avoit été comptée que pour quarante-deux, & que celui qui gagne les eût reçus, sans demander le surplus de la méprise, il ne seroit pas reçu à y revenir, si le coup d'après étoit joué, pour éviter les embarras où de pareilles vérifications pourroient jetter; outre qu'il n'y auroit pas de justice, puis qu'il ne risquoit pas de perdre au-delà de ce qu'il gagne.

ARTICLE NEUVIE'ME.

Du Sans-prendre & des Matadors.

LE Sans-prendre & les Matadors doivent ête demandez avant qu'on ait coupé pour le coup suivant, autrement ils ne doivent pas être payez.

On a cependant jugé que cette exception étoit à propos pour punir la mauvaise foi de ceux, qui, pour faire tomber dans ce cas ceux qui ont droit de les demander, mêlent & font couper avant même qu'on ait pensé à relever les cartes, & par consequent demandé ce qui doit revenir aux gagnans.

Si celui qui jouë sans prendre ou avec des Matadors, ou sans Matadors, n'a point reçu d'aucun Joueur ce qui lui revient pour le jeu, quoique l'on ait coupé, il peut demander avec le jeu, le Sans-prendre & les Matadors, s'il en a.

Si celui qui a joué sans prendre ne l'a point demandé, & a lui-même coupé ou donné les cartes, il ne lui est dû que le jeu.

Si celui qui a joué sans prendre avec des Matadors, demande par mégarde l'un pour l'autre, il ne lui sera rien payé, s'il ne se reprend avant que l'on ait coupé, ce jeu demandant une explication formelle.

Celui qui jouë en appellant un Roy, n'est pas recevable à cette distinction, parce qu'étant deux à faire leur jeu, ils peuvent l'un ou l'autre demander ce qui leur est dû avant que l'on ait coupé, cette loy n'étant que pour ceux qui jouent sans prendre, ou seuls, s'étant appellez.

Celui qui jouant sans prendre montre son jeu qu'il a sûr, sans nommer la couleur, doit jouer en la couleur qu'un de ses adversaires nomme, si ayant repris ses cartes, il laisse jouer le premier, qui est en droit en jouant sa premiere carte de nommer la Triomphe qu'il veut, si l'Hombre n'a pas nommé lui-même auparavant, ou si étant premier à jouer, il fait à-tout d'Espadille ou de Baste, sans specifier sa couleur, ne l'ayant point ci-devant nommée; ce jeu, comme il a été déja dit, demandant une entiére explication.

ARTICLE DIXIE'ME.

Des coups où l'on jouë forcé.

LOrsque tous les joueurs ont passé, celui qui a Espadille est obligé de jouer, il est à présumer qu'ayant passé, il ne doit pas avoir beau jeu ; la justice par consequent ne seroit pas qu'il fût sujet à la Loy de ceux qui jouent de leur bon gré, laquelle les oblige à faire trois mains pour ne pas faire la Bête seuls ; c'est cette raison qui a fait regler que celui qui jouë avec Espadille ne fait point la Bête seul, quand il ne feroit qu'une main.

ARTICLE ONZIE'ME.

Du Contre, de la Vole, & de la Dévole.

LE Jeu de Quadrille étant un jeu à la Française, peut, ce semble, admettre le Contre qu'on a voulu établir à l'Hombre, à l'instar du jeu de la Bête ; ceux qui le voudront admettre suivront la régle suivante.

Celui qui voudroit jouer sans prendre, & s'engager à la vole, seroit reçû à jouer au préjudice de celui qui seroit à parler avant lui, & qui voudroit jouer simplement sans prendre.

Celui qui auroit joué sans prendre s'étant engagé à la vole, & ne la feroit pas, payeroit à chacun le droit de la Vole manquée, ne seroit payé ni du Sans-prendre, ni des Matadors, s'il en avoit, ni de la Consolation : il ne tireroit pas même le Devant & les Bêtes qui iroient au jeu ; mais il ne feroit pas la Bête, à moins qu'il ne perdît le jeu, auquel cas il payeroit tout ce qui seroit dû pour la Consolation, le Sans-prendre, la Vole & les Matadors, s'il en avoit.

Comme c'est un coup qui ne peut être que très-rare, on ne risque pas beaucoup de l'admettre.

Celui qui a été obligé de jouer avec Espadille ne peut prétendre à la vole, à cause de l'avantage qu'Espadille découvert peut lui procurer.

Le Roy appellé doit avoir paru pour avoir droit à la vole, autrement, comme l'on n'en court pas les risques, on n'en peut esperer la rétribution.

Celui qui faisant jouer ne feroit point de main, feroit la Dévole, qu'il payeroit aux deux qui défendroient la Poule, & non à son ami, afin que l'appas du gain ne l'engageât point à jouer contre celui qu'il doit secourir, lorsque le jeu seroit désesperé.

Cette loi, toute rigoureuse qu'elle est, ne la sçauroit trop être, puisqu'elle tend à empêcher qu'on ne joue que des jeux médiocres, & que d'ailleurs il est presqu'impossible que l'Hombre & celui qui a le Roy appellé, ayent assez mauvais jeu pour ne pas faire une main à eux deux, ce qui suffit pour empêcher la Dévole.

Une Régle généralement reçûë est que ceux qui montrent leur jeu ne peuvent plus prétendre à la vole ; cependant si un des joueurs ayant dans son jeu cinq ou six mains assurées, le montre, en disant qu'il entreprend la vole, quoique son ami soit à jouer, il y est reçû, sans que ses adversaires puissent l'empêcher ; mais il leur est libre de faire jouer à l'ami de celui qui entreprend la vole, telle carte de son jeu qu'il leur plaira, afin qu'il ne puisse tirer avantage du jeu de son ami qu'il a vû ; ce qui n'est valable, qu'au cas que ceux qui font jouer n'ayent point encore six mains : car s'ils ont déja six mains, il n'y a que celui qui est à jouer, qui soit en droit de l'entreprendre ou de s'en désister, suivant les regles ordinaires.

Le coup cy-dessus a été d'autant plus justement adouci de la sorte, que celui qui montre son jeu n'en peut tirer aucun avantage, mais seulement abreger la longueur du coup ; & il est censé dès-lors avoir entrepris la vole, soit qu'il la fasse ou non.

ARTICLE DOUZIEME.

Du Roy rendu.

CEtte maniere de jouer est assez en usage dans quelques Provinces ; l'on suit en tout les loix du Quadrille ordinaire, il suffira de dire que celui qui ayant le Roy appellé, auroit dans son jeu trois mains sûres, rendroit le Roy pour faire perdre l'Hombre, feroit la Bête pour punir sa mauvaise volonté, c'est un cas qui est arrivé, mais qu'il sera rare de revoir.

DICTIONNAIRE DES TERMES DU JEU DE QUADRILLE

A

AMY.

C'est au Quadrille celui qui a le Roy appellé.

APPELLER.

C'est jouer avec un Roy qu'on appelle.

LE ROY APPELLE'.

C'est le Roy qui est avec l'Hombre.

A TOUT.

C'est la couleur qui est la triomphe. *Faire à-tout*, c'est jouer de la triomphe.

B

BASTE.

C'est l'As de tiefle, qui est toujours la troisiéme Triomphe.

DE VOLE.

C'eſt lorſque celui qui fait jouer ne fait point de main.

DONNER.

C'eſt après avoir mêlé les cartes, diſtribuer à chaque Joueur le nombre qu'il lui en faut : la Donne, c'eſt le partage des cartes. Au Quadrille on ne peut donner les cartes que par deux fois trois, & une fois quatre. Voyez les regles pour la donne fauſſe.

DOUBLE.

Jouer double, c'eſt payer le Jeu & le devant double, de même que la Conſolation, le Sans-prendre, les Matadors & la Vole.

E

ESPADILLE.

C'eſt l'As de Pique, qui eſt toujours la premiere Triomphe.

ESPADILLE FORCE'.

C'eſt lorſque celui qui a Eſpadille eſt obligé de jouer.

F

FAIRE.

C'eſt la même choſe que donner les cartes.

FICHE.

C'eſt une marque qui vaut dix ou vingt Jettons, comme l'on eſt convenu.

FORCER.

On dit forcer l'Hombre ; c'est mettre une forte Triomphe pour l'affoiblir, s'il surcoupe ; l'Hombre est encore forcé qui demande à jouer, & qu'on oblige à jouer sans prendre, ou à passer, un des joueurs s'offrant à jouer sans prendre.

H

HOMBRE.

C'est le nom de celui qui fait jouer, soit en appellant, ou sans prendre. *Estre avec l'Hombre*, c'est avoir le Roy appellé.

J

JETTON.

C'est une piece ronde qui sert de monnoye au jeu, c'est le dixieme d'une fiche.

JEU.

C'est 1. les cartes que chacun a ; 2. les Jettons que chacun met, & le devant. Jeu faux, c'est le même que coup faux.

JOUER.

C'est jetter une carte sur le tapis. *Faire jouer*, c'est être l'Hombre.

I

IMPASSE.

Faire l'Impasse, c'est lorsque l'on est en Cheville, jouer le Valet d'une couleur dont on a le Roy.

L

LEVE'E.

C'eſt une carte que chaque joueur joue à chaque coup qu'il fait une levée.

LEVER.

C'eſt faire la main ou la levée.

M

MAIN.

C'eſt la même choſe que levée. Avoir ſes mains, c'eſt lorſque l'on fait jouer avec trois mains ſûres.

MANILLE.

C'eſt en noir le deux de pique ou de tréfle, en rouge le ſept de cœur ou de carreau, ſuivant la couleur dont on joue: Manille alors eſt la ſeconde triomphe du jeu.

MARQUER LE JEU.

Le jeu eſt marqué par les fiches que mettent ceux qui mêlent.

MATADORS.

Il y en a trois; ſçavoir, Eſpadille, Manille & Baſte; ce ſont les trois premieres Triomphes: le nombre en augmente à meſure que les Triomphes qui les ſuivent immédiatement leur ſont jointes; on appelle faux Matadors, lorſqu'il ne manque qu'Eſpadille pour en faire pluſieurs.

MESLER.

C'eſt battre les cartes.

MILLE.

Un Mille, c'eſt une marque d'yvoire qui vaut dix fiches.

N

NOMMER.

C'eſt faire la triomphe, en diſant pique, tréfle, cœur ou carreau.

O

ORDRE DES CARTES.

C'eſt la ſuite des cartes, l'arrangement.

P

PARTIE.

C'eſt le temps que dure le nombre des tours que l'on eſt convenu de jouer; on l'appelle auſſi Repriſe.

PASSE.

C'eſt un terme qui exprime qu'on ne veut pas jouer; paſſer, c'eſt ne vouloir pas jouer.

PONTE.

C'eſt l'As de carreau, lorſque la triomphe eſt en cette couleur, & l'As de cœur, lorſqu'elle eſt en cœur : c'eſt alors la quatriéme triomphe.

POULE.

C'eſt ce que nous avons appellé le Devant. Défendre la Poule, c'eſt être contre celui qui fait jouer : ce mot de Poule s'entend auſſi d'un certain nombre de Jettons ſurnumeraires aux cartes; lorſque les tours sont finis, & que l'on joue après les tours finis.

PREMIER.

Estre premier, c'est être à la droite de celui qui a mêlé; il commence à jouer.

PRENDRE.

Jouer sans prendre, c'est jouer sans écarter.

PRISE.

C'est le nombre des fiches ou de jettons que l'on prend en commençant la partie.

R

REGLE.

C'est l'ordre observé au jeu. L'on appelle être en régle, lorsque l'Hombre coupe le retour du Roi appellé.

REMISE.

C'est lorsque ceux qui font jouer ne surpassent pas en mains ceux qui défendent la Poule: ils perdent la remise.

RENONCER.

C'est ne point obéïr à la couleur jouée, lors qu'on le peut.

RENONCE.

Se faire des renonces, c'est lorsque n'ayant point de la couleur jouée, l'on gane d'une couleur dont on n'a que la carte qu'on joüe.

REPRISE.

Est le même que Partie.

RETOURNER.

Retourner une carte, c'eſt la renverſer, la découvrir.

ROI APPELLE'.

C'eſt au Quadrille, le Roi, que celui qui ne jouë pas ſans prendre, prend pour l'aider.

ROI RENDU.

C'eſt lors qu'en cette maniere de jouer le Quadrille, l'on rend le Roi appellé à l'Hombre, qui doit avec ce Roi gagner ſeul.

S

SANS-PRENDRE.

Jouer ſans prendre, c'eſt-à-dire, ſans appeller de Roi.

SANS-PRENDRE FORCE'.

C'eſt lorſqu'ayant demandé à jouer, un des Joueurs s'offre à le jouer ſans prendre, ou ſans appeller. L'on eſt pour lors forcé de paſſer ou de jouer ſans prendre.

SURCOUPER.

C'eſt couper d'une triomphe plus forte une carte déja coupée.

T

TENACE.

Se rendre tenace, c'eſt attendre avec deux triomphes que l'on fait neceſſairement, lorſque celui qui a les deux autres eſt obligé par la ſituation du jeu de jouer devant, tels que ſont les deux As noirs à l'égard de la Manille & du Ponte.

TOURS.

Ce ſont les jettons que ceux qui gagnent en faiſant jouer, mettent pour marquer les coups qu'on jouë ; c'eſt ce qui régle la longueur de la partie.

Les Tours de grace conſiſtent à trois tours pour chacun, ou juſqu'à la premiére Bête ; cela eſt libre.

TRIOMPHE.

C'eſt la couleur nommée qui eſt la Triomphe.

FIN.

TABLE

Des Chapitres & Articles du Jeu de Quadrille.

Le

Fin de la Table.

LE JEU DE PIQUET,

Avec les décisions des meilleurs Joueurs sur les coups les plus difficiles.

AVANT-PROPOS.

CEux qui sçavent le Jeu de Piquet, conviennent que c'est un des plus beaux Jeux qui se joüe aux Cartes, & dont l'on ne s'est jamais lassé, comme de la plûpart des autres qui ne sont en regne qu'un certain tems, après quoi ils tombent.

Les Régles qu'on en a données jusqu'à present, different tellement de celles que l'on suit dans les Académies & Maisons où l'on joue ce Jeu, qu'il a paru à propos d'en faire un nouveau Traité, dans lequel on ne donnera les Régles que sur un usage généralement reçû, ou sur les décisions des meilleurs Joueurs de Piquet, avec les raisons qui les ont engagez à juger comme ils ont fait. Quelque difficile que ce Jeu paroisse, il ne faut néanmoins qu'une grande attention à son Jeu pour être bon Joueur; car la grande science est de sçavoir par son Jeu ce que son Adversaire doit avoir dans le sien, soit parce qu'il montre sur la table, soit parce qu'il n'a point & qu'il pourroit avoir.

Nous tâcherons de donner une idée aussi claire qu'il sera possible de ce Jeu, que nous déveloperons d'une maniére à ne laisser aucun doute à ceux qui le savent déja, sur les coups qui peuvent leur arriver, & pour en faciliter la connoissance à ceux qui seront bien aises de l'apprendre. Pour parvenir à la fin que nous nous sommes proposez, nous diviserons ce Traité en plusieurs Chapitres. Dans le 1. l'on donnera une idée generale du Jeu. L'on verra dans le 2. la maniere dont se doit faire l'Ecart, & ce que c'est que les Cartes blanches. Dans le 3. on expliquera ce que c'est que le Point, les Tierces, Quatriémes, Quintes, Sixiémes, Septiémes, &

Huitiémes. Dans le 4. l'on trouvera l'ordre qu'on doit obſerver en comptant ſon Jeu, & la maniere de jouer les Cartes ; & dans le 5. Chapitre, il y aura les differentes maniéres dont on joue le Piquet à écrire. L'on donnera enſuite une Table des Loix ou Regles du Jeu, avec les déciſions des meilleurs Joueurs de Piquet, ſur les coups les plus difficiles, & les raiſons qui ont fait établir ces Régles.

TABLE

Des Chapitres du Jeu de Piquet, & de ses Regles.

Fin de la Table.

LE JEU DE PIQUET.

CHAPITRE PREMIER.

Où l'on donne une idée generale du Jeu de Piquet.

ON ne peut jouer que deux au Piquet, & le jeu ne doit être composé que de trente-deux cartes, qui sont l'As, le Roy, la Dame, le Valet, le Dix, le Neuf, le huit & le Sept de chaque couleur. Observez que les cartes sont rangées cy-dessus comme elles valent, les As étant toujours au-dessus des Rois, les Rois des Dames, les Dames des Valets, &c.

Il est à remarquer que toutes les cartes valent les points qu'elles marquent, si vous en exceptez l'As qui en vaut onze,

& qui, comme il a été déja dit, emporte toujours le Roy ; mais il faut pour cela qu'il soit de même couleur, & les trois figures, c'est-à-dire, Roy, Dame, Valet, valent dix points chacune.

Quand on est convenu de ce qu'on veut jouer & en combien de points on jouera, on voit à qui mêlera le premier : celui qui a tiré la plus basse carte doit donc mêler & donner les cartes le premier ; il les prend à cet effet, les mêle autant qu'il juge à propos, puis les présente à son adverse partie, qui peut les mêler s'il veut à son tour ; en ce cas celui qui est à donner les cartes, doit mêler une seconde fois, & présenter à couper à son adversaire, qui doit pour lors les couper nettement, car celui qui les éparpilleroit ou n'en couperoit qu'une, seroit obligé de recommencer, après que celui qui est à donner auroit rebattu les cartes. Cela fait, celui qui donne met les cartes de dessous dessus, puis les distribuë deux à deux ou trois à trois, cela dépend de son caprice, & ce sont les deux nombres ordinaires, & jamais une à une ni au-dessus de trois.

Il faut continuer dans tout le cours de la partie par le nombre qu'on a commencé ; car si par fantaisie on venoit à vouloir changer la donne, il ne seroit pas permis, à moins que d'avoir averti avant que de mêler, en disant : Je donnerai par deux ou par trois.

On donne donc de ces cartes jusqu'à ce que les Joueurs en ayent chacun douze ; de maniere qu'il n'en reste plus que huit en la main de celui qui donne, & qu'il doit poser sur le tapis vis-à-vis de son adversaire, & de lui : ces huit cartes sont appellées *Talon*.

Avant que de passer plus loin, pour donner une idée generale du Jeu dans ce Chapitre, comme nous nous sommes proposez, il est à propos de faire remarquer, que si celui qui donne les cartes, au lieu de n'en donner que douze à son adversaire, lui en donne treize, ou les prend pour lui, il est libre à celui qui a la main, c'est-à-dire, qui n'a point mêlé, de se tenir au Jeu, ou de faire refaire, rendant en ce cas le coup nul ; mais s'il s'y tient lorsqu'il a treize cartes, il doit laisser les trois cartes au dernier, c'est-à-dire, que le Talon n'étant pour lors que de sept, il ne peut en prendre au plus que quatre, & moins s'il veut, par la raison que nous en donnerons ci-après ; & si le dernier a treize cartes, il en écarte trois, & n'en prend que deux : & si l'un des deux Joueurs se trouvoit avoir quatorze cartes, n'importe lequel, il faut refaire le coup.

Vous remarquerez que lorsque dans le

Talon il y a une carte tournée, soit que le Talon soit de sept ou huit cartes, pourvû que le coup se joue, le coup sera bon, si la carte tournée n'est pas celle qui est au-dessus du Talon, ou la premiere des trois que doit prendre le dernier ; parce qu'en ce cas la carte étant vûë des joueurs, on doit réfaire nécessairement ; à cause que si on le laissoit à la volonté de celui à qui elle va de droit, il auroit l'avantage de s'y tenir s'il avoit beau Jeu, & de refaire s'il l'avoit mauvais, ce qui ne seroit pas juste, n'y ayant point de faute à punir dans ce coup.

Vous remarquerez encore que la severité que l'on a dans certaines Provinces, comme dans le Languedoc & dans la Provence, de condamner au grand coup, c'est-à-dire, à perdre cent-soixante & dix points pour avoir tourné ou vû une ou plusieurs cartes du Talon de son adversaire, est fort injuste, & n'est point d'usage parmi les Gens qui jouent bien le Piquet ; le Joueur qui tourne ou voit une ou plusieurs cartes du Talon de son adversaire est condamné à jouer telle couleur que son adversaire voudra, s'il est premier à jouer.

Il est à propos pour l'intelligence de ce Jeu, d'expliquer ce que c'est que *Hazard*. Il y a dans ce jeu trois sortes de

Hazards qu'on appelle Repic, Pic, & Capot. *Le Repic* a lieu lorſque dans ſon Jeu, ſans que l'adverſaire puiſſe rien compter, ou du moins ne pare pas, l'on compte juſqu'à trente points, en ce cas au lieu de dire trente, on dit quatre-vingt-dix, & au-deſſus, à meſure qu'il y a des points à compter au-deſſus de trente.

Le Pic a lieu, lorſqu'ayant compté un certain nombre de points, ſans que l'adverſaire ait rien compté, l'on va en jouant juſqu'à trente, auquel cas au lieu de dire trente l'on compte ſoixante, & l'on continuë de compter les points que l'on fait par-deſſus.

Le Capot, c'eſt lorſque l'un des deux fait toutes les levées, il compte pour cela quarante points : au lieu que celui qui gagne ſeulement les cartes compte dix points pour les cartes ; c'eſt fort mal à propos que certains Joueurs prétendent que l'on ne ſçauroit faire tous les hazards en un ſeul coup, tous conviennent qu'on peut joindre le Capot au Pic & au Repic, ce qui arrive même ordinairement, & les Gens qui ſe vantent de bien ſçavoir le Jeu conviennent comme moi, que par cette même raiſon l'on peut faire les trois hazards d'un ſeul coup : en voici l'exemple. Je ſuppoſe qu'un des Joueurs ait les 4. Tierces Majores, & que ſon point ſoit bon, s'il eſt premier à jouer, il entrera par 4. du point, & 12. des Tierces Majores, c'eſt 16. 16. & 14. d'As c'eſt 90. 90. & 28. des deux 14. de Rois & de Dames feront 118. & en jouant ſes cartes il ira à 161. qui joints aux 40. pour le Capot feront 201. points d'un coup. Ce coup eſt ſi rare qu'il n'eſt peut-être jamais arrivé, mais il eſt de la juſtice qu'il vaille de la ſorte s'il arrive jamais.

Obſervez que lorſque la Tierce Majore eſt bonne pour le point elle vaut 4. & quand même elle ne ſeroit comptée que pour 3. de point, les trois Hazards y ſeroient encore.

Il faut remarquer que pour faire *Pic*, c'eſt-à-dire, pour compter 60. au lieu de 30. il faut être premier ; car ſi vous n'êtes pas premier, & que le premier jette une carte qui marque, il comptera un ; & vous quand vous auriez compté dans votre Jeu 29. ſi vous levez la carte jettée, vous ne compterez cependant que 30. à moins que celui qui joue le premier ne jettât une carte qui ne comptât point, comme un neuf, un huit ou un ſept, auquel cas après avoir levé cette main, vous pouvez continuer de jouer votre Jeu juſqu'à 30. & compter 60. le hazard étant bien fait.

L'on doit condamner ici la ſeverité qu'on

qu'on a eu en Provence & en Languedoc à l'égard du Pic ; un Joueur qui au lieu de dire 60. ne diroit que 30. ne sçauroit y revenir & ne compte absolument que 30. au lieu que dans tout le reste du monde il en revient, & jamais les Joueurs ne doivent se faire de ces difficultez, n'y ayant rien qui oblige à cette severité ; la distraction de celui qui compte 30. au lieu de 60. ne pouvant être qu'à son préjudice, il pourra donc y revenir jusqu'à ce que l'on ait coupé pour le coup suivant.

Il faut remarquer encore que lorsque les deux parties sont fort avancées, les Cartes blanches qui valent dix points, sont premiérement comptées, ensuite le Point, les Tierces, Quatriémes, Cinquiémes, &c. viennent après ; après cela les points que l'on compte en jouant, & enfin les dix points des Cartes ou les 40. du Capot.

CHAPITRE SECOND.

De la maniere dont se doit faire l'Ecart, & ce que c'est que Cartes blanches.

LOrsque chacun a ses douze cartes qui composent son Jeu, il les examine, & doit pour mieux connoître son Jeu, arranger ses couleurs, c'est-à-dire, mettre les Cœurs avec les Cœurs, les Piques avec les Piques, & ainsi des autres.

Ce qu'il doit d'abord considerer, c'est s'il a cartes blanches, c'est-à-dire, s'il n'a point de peintures daus son jeu; les peintures sont les Rois, les Dames & les Valets; enfin si l'un des deux joueurs se trouve avoir cartes blanches, après que l'autre a fait son écart, il étale ses cartes sur le Tapis en les comptant l'une après l'autre, & les cartes blanches lui valent dix points, qui sont comptez avant le point même, & qui servent à faire le Pic & le Répic, & à le parer.

Le Jeu ayant été ainsi examiné, & qu'un des joueurs ait cartes blanches ou non, celui qui est le premier à prendre fait son écart; c'est-à-dire, qu'il choisit dans son jeu les cinq cartes qui lui semblent les moins néceſſaires pour en reprendre autant du Talon.

Obſervez qu'il ne peut point en prendre plus de cinq, mais bien moins, puiſqu'il peut n'en prendre qu'une s'il veut, ou deux, ou trois, ou quatre, il eſt pour lors en droit de voir les cartes qu'il laiſſe & qu'il pourroit prendre.

Et ſi le dernier à prendre, lorſqu'on lui a laiſſé des cartes ou autrement, ne veut point prendre toutes les cartes qui lui reſtent, il peut n'en prendre s'il veut qu'une, étant obligé ainſi que le premier d'en prendre pour le moins une; s'il en laiſſe il peut les voir, & le premier eſt en droit de les voir auſſi, en accuſant la couleur dont il commencera à jouer, & par laquelle il eſt obligé de jouer; & ſi le dernier ayant laiſſé des cartes, il les avoit mêlées avec celles de ſon écart, le premier eſt en droit de voir ſon écart, en diſant la couleur dont il jouera en entrant au Jeu.

Si par malice, ou par mégarde, celui qui a dit: Je commencerai par telle couleur, commençoit par une autre, il ſeroit libre au dernier de le faire commencer par telle couleur qu'il voudroit.

Comme ces Régles ſont plûtôt faites pour les Commençans que pour les Maîtres, ils ne ſeront pas fâchez qu'on leur apprenne en passant, de la maniere dont il convient de faire les écarts & le but que l'on doit avoir en les faisant.

En faisant l'écart, le premier but des grands Joueurs est de gagner les cartes & d'avoir le point, ce qui les oblige à porter ordinairement la couleur dont ils ont le plus, ou bien dont ils sont plus forts; car il conviendroit de préferer 41. d'une couleur à 44. d'une autre où la quinte ne seroit pas faite, quelques-fois-même la quinte y étant, étant plus avantageux d'avoir ces 41. où une seule carte peut faire une quinte majore où le point, & servir à gagner les cartes, ce qui ne pourroit se faire en portant les 44. à moins qu'il n'y eût une rentrée extra-ordinaire.

Il faut observer que si l'on joüe pour un grand coup, il faut jouer differemment que lorsqu'on joue pour un petit coup, parce que l'on s'abandonne pour le grand coup absolument à la rentrée qui est fort incertaine, au lieu que pour un petit coup l'on porte un Jeu que la rentrée quelle qu'elle soit, doit rendre meilleur & suffisant pour le faire, à moins que ce ne fussent absolument les cartes les plus opposées au Jeu ou de moindre valeur.

Il faut encore en écartant tirer à se

faire des 14. On appelle 14. 4. As ou 4. Rois, 4. Dames, 4. Valets, ou 4. Dix: le 14. d'As efface tous les autres, & à la faveur de ce 14. on peut en compter un bien plus bas, comme ſeroit celui de dix, encore que l'Adverſaire en eût un de Rois de Dames, ou de Valets, parce que le 14. plus fort annulle le moindre; & comme l'on compte au defaut des 14. 3. As, 3. Rois, 3. Dames, 3. Valets, ou 3. Dix, il eſt encore bon d'y tirer. Vous obſerverez que les 3. As valent mieux que les 3. Rois; & que le moindre 14. empêche de compter 3. As, & ainſi des autres; & qu'à la faveur d'un 14. on compte non-ſeulement d'autres 14. moindres, mais encore 3. Dix, ou autres trois, pourvû que ce ne ſoit point de Neuf, de Huit, ou de Sept, encore que l'Adverſaire eût trois d'une valeur au-deſſus; le moindre uſage rendra familier cette Régle, qui ſemble d'abord une des plus difficiles du jeu.

Vous obſerverez la même choſe à l'égard des huitiémes, ſeptiémes, ſixiémes, quintes, quatriémes & tierces, auſquelles un homme qui fait ſon écart doit avoir égard, pour tâcher de s'en procurer par ſa rentrée, étant ce qu'il y a de plus beau au jeu; vous en trouverez la valeur & le nom dans le Chapitre ſuivant, ce qui ſervira à faire connoître aux Joueurs qui ne ſont pas bien au fait de ce jeu, ce qu'il convient mieux de porter.

CHAPITRE TROISIE'ME.

Où l'on explique ce que c'eſt que le Point, les Tierces, Quatriémes, Quintes, Sixiémes, Septiémes & Huitiémes.

LE Point, c'eſt un nombre de cartes d'une même couleur que l'on a dans ſon jeu, & dont on a aſſemblé les points pour les accuſer: vous obſerverez pour compter le point, que l'As vaut onze, & les Figures dix chacune; le reſte des cartes autant de points qu'elles en valent, parce qu'elles ſont marquées, un Dix, dix points, un Neuf, neuf points, un Huit, huit points, un Sept, ſept points.

Le point étant aſſemblé, le premier à jouer l'accuſe, c'eſt-à-dire, dit le point qu'il a, & demande à ſon Adverſaire s'il eſt bon; ſi l'Adverſaire n'en a pas autant, il dit qu'il eſt bon, & s'il en a autant, il dit qu'il eſt égal; & s'il en a plus, il dit qu'il ne vaut pas; enfin qu'il ſoit bon ou non, celui qui a le point le plus fort compte pour ledit point autant de points qu'il a de cartes, à moins que, par exemple, ayant six cartes de point, elles ne fissent que 54. auquel cas, les six cartes ne doivent être comptées que cinq, au lieu que s'il y avoit 55. elles en vaudroient six; & ainsi de 64. & 44. qui ne valent pour le point qu'à proportion des dixaines, le cinquiéme point faisant la dixaine; 35. points en valent autant pour le point que 44. étant comptez l'un & l'autre pour 4. mais c'est celui qui a le plus de points qui les compte; & si le point est égal, personne ne le doit compter: il en est de même lorsque les deux Joueurs ont les mêmes Tierces, Quatriémes, Cinquiémes, &c. à moins que par une Quinte, ou Quatriéme, ou Tierce supérieure, il ne rende bonnes les Tierces, Quatriémes ou cinquiémes qui pourroient être égales avec celles de son Adversaire.

Des Tierces.

Il y a six sortes de Tierces, la premiere que l'on appelle Major, & qui est composée d'un As, d'un Roi & d'une Dame; la seconde appellée de Roi, composée d'un Roi, d'une Dame & d'un Valet; la troisiéme de Dame, que la Dame, le Valet & le Dix composent; la quatriéme de Valet, qui est le Valet, Dix & Neuf; la cinquiéme de Dix, qui est Dix, Neuf & Huit; & la sixiéme qu'on appelle Tierce basse ou fine, & qui est le Neuf, le Huit & le Sept. Vous observerez qu'il faut pour faire une tierce, ainsi qu'une Quatriéme & une Quinte, &c. que toutes les cartes soient de même couleur.

Les Quatriémes.

Il y a cinq sortes de Quatriémes; la premiere, qu'on appelle Quatriéme Major, est composée de l'As, le Roi, la Dame & le Valet; la seconde qu'on appelle de Roi, composée du Roi, de la Dame, du Valet & du Dix; la troisiéme de Dame, composée de la Dame, le Valet, le Dix & le Neuf; la quatriéme de Valet, composée du Valet, du Dix, du Neuf & du Huit; & la cinquiéme, dite Quatriéme basse, du Dix, du Neuf, du Huit & du Sept.

Les Quintes.

Il y a quatre sortes de Quintes; la premiere apellée Quinte Major, est composée de l'As, le Roi, la Dame le Valet & le Dix; la seconde, dite de Roi, est composée du Roi, de la Dame, du Valet, du Dix & du Neuf; la troisiéme de Dame, composée de la Dame, le Valet, le Dix, le Neuf & le Huit; & la quatriéme, dite Quinte basse, ou au Valet, du Valet, du Dix, du Neuf, du Huit & du Sept.

Les Sixiémes.

Il y a trois ſortes de Sixiémes; la premiere, dite Sixiéme Major, eſt composée de l'As, le Roi, la Dame, le Valet, le Dix & le Neuf; la ſeconde de Roi, compoſée du Roi, de la Dame, le Valet, le Dix, le Neuf & le Huit; & la troiſiéme, appellée de Dame ou baſſe, que compoſent la Dame, le Valet, le Dix, le Neuf, le Huit & le Sept.

Les Septiémes.

Il y a deux ſortes de Sptiémes; la premiere, dite Septiéme Major, compoſée de l'As, le Roi, la Dame, le Valet, le Dix, le Neuf & le Huit; & la ſeconde de Roi, que compoſent le Roi, la Dame, le Valet, le dix, le Neuf, le Huit & le Sept.

Les Huitiémes.

Il n'y a qu'une ſorte de Huitiéme, qui eſt compoſée de l'As, le Roi, la Dame, le Valet, le Dix, le Neuf, le Huit & le Sept, qui font toutes les cartes d'une couleur.

Voilà à quoi il eſt encore bon de viſer en faiſant ſon Ecart, étant de l'avantage d'un Joueur d'en avoir; car une Tierce bonne vaut à celui qui la compte trois points, une Quatriéme quatre, & une Quinte en vaut quinze; une Sixiéme ſeize, une Septiéme dix-ſept, & la

Huitiéme dix-huit ; outre les points qui ſont accordez pour le Point : par exemple, un Joueur qui auroit une Quinte Major, dont le point ſeroit bon, compteroit quinze pour la Quinte, & cinq pour le Point, ce qui feroit vingt, & ainſi de la Quatriéme, qui vaudroit quatre pour le Point, & quatre pour la Quatriéme ; la même choſe ſe fera à l'égard des Sixiémes, Septiémes & Huitiémes.

Vous remarquerez encore, quoi qu'il ait été déja dit ci-devant, que celui qui a la plus haute Tierce, Quatriéme, Quinte, & ainſi des autres qui ſuivent, annulle toutes celles qui ſont au-deſſous ; par exemple, une Tierce Major annulle une Tierce de Roi, & ainſi des Quatriémes, Quintes, &c. en obſervant que la moindre Quatriéme annulle la plus haute Tierce ; la moindre Quinte la plus haute Quatriéme ; la moindre Sixiéme, la plus haute Quinte, & la moindre Septiéme, la plus haute Sixiéme : la Huitiéme annulle toutes les autres eſpéces de ſéquences.

Obſervez que toutes ces Tierces, Quartes & Quintes, &c. ſont des ſéquences : obſervez en même tems, comme il a été déja dit ci-devant, qu'à la faveur d'une Tierce, ou Quatriéme, ou quinte, & ainſi des autres bonnes, l'on fait paſſer les moindres Tierces, encore que l'Adverſaire en eût de plus fortes, & l'on accumule par-là les points qu'elles font, le jeu de l'Adverſaire étant annullé par la ſéquence ſupérieure ; & s'il y a de l'égalité dans la plus haute ſéquence entre les deux Joueurs, celui qui en auroit pluſieurs autres ou de la même force ou moindres, n'en compteroit pour cela pas une, la plus noble étant égale.

Il paroît que l'on a expliqué ſuffiſamment toutes les ſéquences. Voyons maintenant l'ordre que l'on doit obſerver en comptant le jeu, & la maniere de jouer les cartes.

CHAPITRE QUATRIE'ME.

De l'ordre qu'on doit tenir en comptant ſon jeu, & de la maniere de jouer les cartes.

APrès que chaque Joueur a pris du Talon les cartes qu'il doit y prendre, il doit aſſembler ſon jeu pour y voir ce qu'il a à compter. Il doit commencer par ramaſſer la couleur dont il a en plus grand nombre, pour en compoſer ſon Point & l'accuſer ; & ſi le dernier en a davantage dans ſon jeu, il dit : il ne vaut pas ; s'il en a autant, il dit : il eſt égal ; & s'il en a moins, il répond qu'il eſt bon ; après avoir compté le Point, il doit examiner s'il n'a pas de Tierces, Quatriémes, Quintes, &c. afin de compter autant de Points, ſi ce qu'il en a n'eſt pas défendu par l'Adverſaire.

Vous obſerverez que le point, Tierces, Quatriémes, Quintes, &c. doivent être mis ſur la table, afin qu'on puiſſe en compter la valeur ; car, par exemple, ſi un des Joueurs qui auroit accuſé le Point, ou des Tierces, Quatriémes, Quintes, &c. & que l'on lui auroit répondu valoir ; ſi, dis-je, ce Joueur oublioit de les montrer, & joueroit ſans les avoir comptées, il ne pourroit plus y revenir, & ſon Adverſaire compteroit ſon Point, encore qu'il fût moindre, ſes Tierces, Quatriémes, Quintes, encore qu'elles fuſſent plus baſſes, pourvû néanmoins qu'il les montrât lui-méme avant de jetter ſa premiere carte, ſans quoi, c'eſt-à-dire, s'il l'avoit jettée, il ne ſeroit plus à tems d'y revenir, & pour lors il ne compteroit ni l'un ni l'autre.

Après que l'on a examiné & compté les Tierces, Quatriémes, Quintes, &c. il faut examiner ſi l'on a quelque Quatorze ; les Quatorze ſont 4. As, 4. Rois, 4. Dames, 4. Valets & 4. Dix, comme il a été dit, un quatorze bon eſt compté pour quatorze points, le ſuperieur annulle l'inferieur, & fait que l'on peut à ſa faveur compter 3. As, 3. Rois, 3. Dames, 3. Valets ou 3. Dix.

S'il n'y a point de quatorze dans le jeu, on cherche à compter ou 3. As, ou 3. Rois, ou 3. Dames, ou 3. Valets, ou enfin 3. Dix, les plus hautes annullant toujours les inferieures.

Après donc que chacun a examiné ſon Jeu, & vû par les interrogations faites ce qu'il a de bon dans ſon Jeu, le premier commence à le compter ; la premiere choſe qu'il compte ce ſont les cartes blanches qui valent dix points s'il les a ; il commence alors, en diſant, dix de cartes blanches valent dix, & s'il a le point, il étale & compte s'il a cinquante en point ; dix & cinq pour le point c'eſt 15. ſi enſuite il a une quatriéme bonne, il l'étale également, & ajoûte quatre points à 15. qui font 19. s'il a outre cela un quatorze ou trois As ou trois de quelqu'autre choſe qui ſoit bon, il les ajoûte encore ; & après avoir compté tout ſon jeu, il joue une carte en comptant un point pour la carte qu'il joue, ſi elle eſt ou un As, un Roi, une Dame, un Valet ou un Dix qui ſont les ſeules cartes qui marquent.

Après que le premier a joué ſa carte, le dernier avant que de jouer, montre ſon point, s'il l'a bon, ſes Tierces, quatriémes ou quintes, &c. compte ſes quatorze ou ſes 3. As, 3. Rois, &c. ſes cartes blanches, s'il les avoit; & après avoir ajoûté enſemble tout ce qu'il a à compter, il leve la carte que le premier a joué, s'il le peut, ou bien fournit de la couleur, s'il ne peut point lever, & lorſqu'il prend la levée, il joue par telle couleur qu'il veut.

L'on obſervera que comme il n'y a point de ſurpriſe au Jeu de Piquet, celui qui en jouant ſes cartes change de couleur, doit nommer la couleur dont il joue, faute de quoi celui qui auroit fourni, comptant qu'il continuoit à jouer de la couleur dont il jouoit auparavant, ſeroit en droit de reprendre la carte jettée, quand même elle ſeroit de la couleur jouée.

A l'égard de la maniere de jouer les cartes, comme il faut que ce ſoit l'uſage qui enſeigne la maniere la plus avantageuſe de les jouer, on ſe contentera d'en dire deux mots en general.

Il eſt certain que c'eſt principalement à la maniere de jouer les cartes que l'on connoît un bon Joueur d'avec celui qui ne l'eſt pas; & il n'eſt pas poſſible de les bien jouer, que l'on ne connoiſſe la force du Jeu ; c'eſt-à-dire, par le Jeu que l'on a, l'on doit connoître ce que l'Adverſaire peut avoir, & ce qu'il doit avoir écarté, en faiſant encore attention à ce qu'il montre de ſon Jeu, & à ce qu'il compte.

Le principal but du Joueur en jouant ſes cartes, doit être de les gagner en premier lieu ; en ſecond, de faire davantage de points, & empêcher l'Adverſaire d'en faire ; mais le principal objet ce ſont les cartes qui valent dix à celui qui les gagne.

L'on dira en faveur de ceux qui n'ont aucune teinture du Jeu de Piquet, qu'il n'y a point de triomphe au Piquet, mais que ce ſont les meilleures cartes de la couleur jouée qui font la levée ; car, par exemple, s'il avoit été joué le Roy de Trefle, & que vous en euſſiez l'As, vous leveriez la main, au lieu que s'il n'en étoit joué que le ſept, & que vous n'euſſiez pas de la couleur, encore que vous jouaſſiez une carte de plus de valeur dans une autre couleur, la levée iroit à celui qui auroit joué le ſept.

Si par mégarde celui qui fournit ſur la carte jouée ne jouoit pas de la couleur que ſon Adverſaire jette, s'il en avoit, quoique la carte fût ſur le tapis, il lui ſeroit permis de la relever pour en fournir, ſans qu'il en coute pour cela aucune peine.

Un premier, quelquefois aura le malheur que ſon Point, ſes quintes, ſes quatriémes, ſes Tierces, & autres choſes qu'il peut avoir ne lui vaudront rien, pour lors il commencera à compter par un, en jettant telle carte de ſon Jeu qu'il jugera à propos, & il continuëra à jouer juſqu'à ce que ſon Adverſaire ait joué une carte plus haute que la ſienne.

Celui qui eſt ſecond en carte avant que de jouer, comme il a été déja dit, compte tout ce qu'il a à compter dans ſon jeu, & lorſqu'en jouant les cartes il fait la levée, il rejouë par telle couleur qu'il veut; ils jouent de la ſorte juſqu'à ce que leurs douze cartes ſoyent jettées; celui qui fait la derniere levée compte deux points, ſi la carte qu'il joue eſt une carte qui marque ; & un, quoiqu'elle ne marque pas.

Chacun compte enſuite ſes levées, & celui qui en a le plus compte dix pour les cartes; & lorſqu'elles ſont égales, elles ne ſont comptées de part ni d'autre.

Le coup n'eſt pas plûtôt fini que chacun doit marquer, ou avec des Jettons ou avec un crayon, ce qu'il a fait de points, juſqu'à ce que la Partie s'acheve. On recommence à donner les cartes après les avoir mêlées & données à couper comme on a dit.

Chacun fait tour à tour au Piquet, supposé qu'on ne finisse point la Partie d'un seul coup.

Lorsqu'on recommence une autre Partie, si celui qui a perdu veut jouer, on coupe pour sçavoir qui sera le premier, & de la maniere qu'on l'a déja dit, à moins qu'on ne soit convenu au commencement du jeu que la main suivroit.

Dans l'un & l'autre cas on continuë alternativement à donner; il est libre à chacun des deux joueurs de ne plus jouer lorsque la Partie est achevée, mais non pas dans le cours de la Partie, à moins que de payer ce que l'on joue.

CHAPITRE CINQUIE'ME.

Le Piquet à écrire.

CEtte maniere de jouer le Piquet est fort en usage parmi les honnêtes gens, qui en font par-là un jeu d'une plus grande societé, puisqu'on y peut jouer trois, quatre, cinq, six & sept personnes. Il n'y a cependant que deux de ces joueurs qui jouent à la fois, &

les autres ensuite alternativement.

Lorsque l'on joue au Malheureux, celui qui est marqué continue à jouer, & celui qui marque est relevé par celui des Joueurs qui attend que l'un des Joueurs sorte le coup fini, chacun relevant à son tour; au lieu que lorsqu'on joue à tourner, l'on commence par un côté, & l'on tourne toûjours du même côté: par exemple, je commencerai la Partie avec le Joueur qui sera à ma droite; après que nous aurons joué notre coup, il jouera encore un coup avec le Joueur de sa droite, & ainsi des autres: c'est la maniere la plus égale de jouer ce Jeu.

Avant de commencer à jouer, il faut convenir combien l'on jouera de Rois, ou de Tours, si c'est six, neuf ou douze Rois, plus ou moins; un Roi c'est deux Tours, & un Tour c'est deux coups: on l'appelle encore Ide en plusieurs Provinces. Il faut pour qu'un Tour soit joué, que chacun des deux Joueurs ait mêlé une fois: l'on convient ensuite de la valeur de chaque point, soit deux liards, un sol, ou davantage si l'on veut; l'on voit après à qui fera.

L'on joue du reste selon les Régles du Piquet, & chacun des deux Joueurs fait une fois seulement, & l'on compte à demi tour les points que l'on fait de plus que ſon Adverſaire, en les marquant avec des jettons : par exemple, on ſuppoſe que du premier coup l'un des deux Joueurs ait fait vingt points, & ſon Adverſaire dix, ce ſont dix points que le premier a contre l'autre, & qu'il marque avec des jettons juſqu'à ce que le ſecond coup ſoit joué : ſi dans ce ſecond coup celui qui a les dix points ſur l'autre n'en faiſoit encore que dix, & que ſon Adverſaire en fît quarante, ce ſeroit vingt points que celui-ci auroit plus que lui de ce ſecond coup, parce que de quarante points, il faudroit en rabattre vingt points ; ſçavoir, dix du coup précedent, & dix du ſecond coup, par conſéquent il reſteroit vingt points que l'on écriroit pour le perdant ; & ainſi des autres coups.

Cependant comme l'idée qu'on vient de donner n'eſt pas ſuffiſante pour certaines gens, qui ne ſe contentent pas de voir les choſes, mais qui veuleut encore les toucher, on leur donnera une Table ci-après, qui leur apprendra la maniere dont ils doivent marquer ceux qui perdent : obſervez ſeulement que tous les points qui ſe trouvent au-deſſous de cinq, ne ſont comptez pour rien, & que cinq points ou au-deſſus valent dix.

Par cette raiſon, quinze points en vaudront contre le marqué autant que vingt-quatre ; c'est-à-dire, qu'ils seront marquez pour vingt, & ainsi des autres. Si l'on est trois Joueurs, l'on fait trois colomnes ; à la tête de chacune on met le nom du Joueur, laquelle on marque à mesure qu'il est marqué.

TABLE

Qui marque douze Rois ou Tours jouez.

Jean.	Pierre.	Denis.
30	30	60
40	40	110
100	30	30
30	50	90
70	50	70
90	60	100
50	30	30
60	80	20
addition	*addition*	*addition*
470	370	510

Voilà donc les Colomnes de chaque Joueur marquées des points quil a perdu dans le cours de douze Rois qu'il a joué. Il faut aprés cela additionner chaque Colomne, pour voir à combien les points montent, & les ranger comme on le va voir.

ADDITION

DES POINTS DES JOUEURS.

Jean perd 470. Points.
Pierre.... 370.
Denis.... 510.

Total 1350. Points, qu'il faut diviser entre trois personnes, ce qui fait pour chacune 450. points. Cette division étant faite, chaque Joueur prend sa retribution; de maniere que Pierre qui n'a que 370. points, gagne 80. points, parce qu'il lui manque ce nombre pour se remplir des 450. qui font son tiers dans 1350. points : ainsi Jean qui est marqué de 470. points, perd 20. points, à cause qu'il a ce même nombre au-dessus de 450. & par la même raison, Denis perd 60. points, ayant ce même nombre au-dessus de 450. & lors qu'il y a quelque dixaine de surnumeraire, elle est au profit de celui qui perd le plus.

Observez encore, qu'il se paye ordinairement une consolation à ce jeu, qui est de 20. par marqué, plus ou moins, ainsi qu'on en convient; ensorte que si elle est de vingt, le Joueur qui est marqué de trente par le jeu, est marqué de cinquante en perte, & ainsi des autres.

Seconde maniere de jouer le Piquet à écrire.

Il y a une autre maniere de jouer le Piquet à trois ou à cinq, moins embarrassante, en ce qu'il n'est pas besoin de plumes ni de papier, ni addition: la voici.

Chaque Joueur prend la valeur de six cens marques, en cinq Fiches & dix Jettons; chaque Fiche vaut dix Jettons, & chaque Jetton est compté pour dix marques; de façon qu'un Joueur marqué de trente, en mettant trois Jettons, paye.

L'on joue du reste le jeu de la même façon qu'en écrivant; à la reserve qu'il y a au bout de la Table, au lieu d'une écritoire, un corbillon, dans lequel on met ce dont on est marqué, & que l'on partage également entre tous les Joueurs à la fin de la partie.

La Consolation se paye la même chose par le marqué, qui au lieu de dix dont il est marqué par le jeu, en met trente dans le corbillon, & au lieu de trente, cinquante, & ainsi des autres; & outre cette Consolation, il y en a une autre que celui qui est marqué paye également, & qui est deux jettons qu'il paye en propre à celui qui l'a marqué d'un grand ou petit coup ; c'est la même chose, & un jetton aux autres Joueurs ; il en est de même payé lors qu'il marque, ou que les autres Joueurs jouent entr'eux.

Observez que lorsque les coups des deux Joueurs sont égaux, ou qu'il ne reste pas à l'un plus de quatre points plus qu'à l'autre, c'est un refait ; & celui qui est marqué après un refait, paye pour cela au corbillon vingt marques de plus, & pour deux refaits quarante, & ainsi des autres.

A moins que l'on ne soit convenu auparavant que pour empêcher les refaits on marquera à un point ; en ce cas, pour que le refait ait lieu, il faut que les deux coups soient absolument totalement égaux.

Aprés que la partie est achevée de jouer, ce que l'on voit par une carte où l'on a marqué les tours que l'on a eu dessein de jouer, & que le corbillon est partagé, chacun voit ce qu'il gagne ou perd sans aucun embarras, & les jettons impairs & surnumeraires, qui n'ont pû être partagez, sont au profit de celui qui perd davantage.

Troisiéme maniere de jouer le Piquet à écrire.

L'on peut encore jouer le Piquet de la même maniere, c'eſt-à-dire, en prenant chacun la valeur de ſix cens marques; on peut jouer un contr'un, en ſe payant ce dont on eſt marqué l'un à l'autre, & ce jeu eſt fort égal: l'on fait à ce jeu la Conſolation auſſi forte que l'on veut.

L'on jouë également ce jeu deux contre deux, ce ſont même les parties ordinaires, ou deux contr'un; on appelle celui qui jouë ſeul contre deux, la Choüette.

Pour toutes ces façons de jouer, vous aurez recours aux Régles, qui ſont les mêmes pour tout ce qu'on appelle Piquet.

LOIX OU REGLES DU JEU DE PIQUET,

Avec les Décisions des meilleurs Joüeurs sur les Coups les plus difficiles.

I. S'Il se trouve que l'un des Joüeurs ait plus de cartes qu'il ne faut, si le nombre n'en excede pas treize, il est au choix de celui qui a la main de refaire ou de jouer selon qu'il le trouve avantageux à son jeu ; & l'orsqu'il y a quatorze cartes ou plus, l'on refait necessairement.

La raison qui a fait décider ce coup de la sorte, est, que lorsqu'il y a treize cartes à l'un des deux jeux, c'est par la faute de celui qui a mêlé ; c'est pourquoi s'il y a une peine, c'est à lui à la subir : c'est une Régle generalement reçûë.

II. Si celui qui est le premier a treize cartes au lieu de douze, & qu'il veuille joüer, & ne point refaire, il le peut, mais il doit en écarter une de plus qu'il n'en prend, étant obligé de laisser au dernier ses trois cartes : au contraire, si celui qui donne en a pris treize, il est encore au choix du premier de refaire ou de jouer ; il prend dans ce second cas autant de cartes qu'il en prendroit si le Talon n'étoit pas faux, & le dernier qui a treize cartes en écarte trois, & n'en prend que deux pour parfaire le nombre de douze qu'il doit avoir ; tout cela doit se faire en s'avertissant l'un l'autre, & avant que d'avoir vû les cartes qu'on prend ; car après cela l'on n'y est point reçû, & il faut que le Jeu se joüe comme il se trouve, aux peines que doivent porter ceux qui ont trop de cartes, sçavoir, de ne rien compter.

La justice qui est renduë au premier, lorsqu'on lui laisse le choix de jouer le coup ou de refaire, engage en même-tems à faire laisser sa legitime au dernier lorsqu'il n'a pas treize cartes, & lorsqu'il en a treize, à l'obliger d'en écarter trois, pour n'en prendre que deux, afin de n'avoir pas au-delà des douze cartes qui doivent composer son Jeu, & il ne peut du reste avoir plus de douze cartes, que par sa faute, qui sera punie à la rigueur, si le cas trrive. Cette

Regle eſt auſſi generalement reçûë.

III. Qui prend plus de cartes qu'il n'en a écarté, ou s'en trouve en joüant en avoir plus qu'il ne faut, ne compte rien du tout, ni ne peut empêcher ſon Adverſaire de compter tout ce qu'il a dans ſon Jeu, encore que ce qu'il a, fût de beaucoup inferieur au Jeu de celui qui a treize cartes ou davantage.

La rigidité de cette Régle eſt fondée ſur la juſtice, puiſque ſouvent une carte ſuffit dans un Jeu pour le faire valoir & abattre. Elle eſt reçûë de tous les Joueurs de Piquet qui ſe picquent de ſçavoir le Jeu.

IV. Qui prend moins de cartes ou s'en trouve moins, peut compter tout ce qu'il a dans ſon Jeu, n'y ayant point de faute à joüer avec moins de cartes; mais ſon Adverſaire compte toujours la derniere, attendu qu'il ne fournit point, & par conſequent il ne ſçauroit être Capot; au lieu que celui qui a moins de cartes, le ſeroit, ſi ſon Adverſaire faiſoit les onze premieres levées, n'ayant point dequoi fournir à la douziéme.

Il ſemble d'abord que l'on ſoit moins rigide ſur cette Regle que ſur la précédente; cependant ſi l'on examine bien que celui qui n'a qu'onze cartes ou moins, ne préjudicie qu'à lui-même, on le trouvera ſuffiſamment puni de riſquer le Capot, ſans pouvoir le faire. Tous les Joueurs admettent cette Régle de la ſorte.

V. Qui a commencé à jouer & oublié à compter cartes blanches, le Point ou les As, Rois, Dames, &c. ou les Tierces, Quatriémes, Quintes, &c. qu'il peut avoir de bonnes dans ſon Jeu, n'eſt plus reçû a les compter après, & tout cet avantage devient nul pour lui.

Cette Régle eſt rigide, en ce qu'il ſemble n'y avoir point de mauvaiſe foi; mais l'on conviendra que celui qui oublie de compter ſon Jeu, faiſant une faute, il eſt juſte qu'il en ſoit puni. Tous les Joueurs admettent de même cette Régle.

VI. Lorſqu'avant que de jetter la premiere carte on ne montre pas le point qu'on a plus que ſon Adverſaire, ou quelque Tierce, Quatriéme, &c. on ne peut plus y revenir, & on les perd. En ce cas, le premier a qui l'on auroit dit que ſon point ne vaut pas ou ſes Tierces, &c. ou trois de quelques-autres choſes, eſt en droit, pourvû qu'il ne jouë pas ſa ſeconde carte, de compter ſon Jeu, qu'on lui auroit dit ne point valoir, & qu'on n'auroit point montré ou acuſé.

C'eſt avec juſtice que l'on admet à revenir pour compter ſon jeu celui à qui on auroit dit que ſon jeu n'étoit pas bon, puiſqu'il ne le montre pas ſur la parole de l'Adverſaire, lequel étant de mauvaiſe foi, pourroit toujours dire : Ne vaut pas, au hazard qu'on oublieroit de le montrer auparavant de jouer. Tous les Joueurs ſont d'accord ſur cette Régle.

VII. L'on doit continuer à donner de la même maniere que l'on a commencé, ſoit par deux ou par trois, pendant tout le long d'une Partie, à moins qu'avant de mêler, l'on n'avertiſſe que l'on donnera par deux ou trois : alors on peut changer de maniere ſans avertir, en commençant chaque partie.

La raiſon de cette Régle eſt plauſible, puiſqu'un Joueur qui connoîtroit les cartes, & qui verroit que la troiſiéme ou quatriéme ſeroient bonnes, donneroit par deux ou par trois, cherchant par-là ſon avantage. Elle eſt reçûë de tous les Joueurs, & fort bien établie pour prévenir juſqu'aux moindres abus.

VIII. Il n'eſt pas permis d'écarter à deux fois ; c'eſt-à-dire, que du moment que l'on a touché le Talon, aprés avoir écarté telles ou tel nombre de cartes qu'on a jugé à propos, on ne peut plus les reprendre, & cette Loi regarde également les deux Joueurs. La même raiſon a fait recevoir de tous les Joueurs la préſente Régle.

IX. Il n'eſt pas permis à aucun des deux Joueurs de regarder les cartes qu'il doit prendre, en les étendant avant que d'écarter ; c'eſt pourquoi, lorſque celui qui a la main ne prend pas ſes cinq cartes du Talon, il doit dire à ſon Adverſaire : Je n'en prends que tant, ou j'en laiſſe tant. La même raiſon a fait établir cette Régle, qui eſt generalement reçûë, afin de lever le pretexte qu'on pourroit avoir lorſqu'on eſt dernier, de dire qu'on ne ſçait point le nombre des cartes qui reſte au Talon, le premier ayant pû en laiſſer.

X. Celui qui a écarté moins de cartes qu'il n'en prend, & s'apperçoit de ſa bévûë, avant que d'en avoir retourné aucune, ou miſe ſur les ſiennes, eſt reçû à remettre ce qu'il a de trop ſans en courir aucune peine, pourvû néanmoins que ſon Adverſaire n'ait point pris les ſiennes ; car s'il les avoit priſes & vûës, il lui ſeroit loiſible de jouer le coup, ou de refaire ; & ſi le coup ſe jouoit, la carte de trop ſeroit miſe à l'un des deux écarts, après avoir été vûë des deux Joueurs.

Ce coup, qui a été long-tems diſputé, a été enfin décidé ſelon les droits de la juſtice, puiſque par cette déciſion on a mitigé la punition ; de ſorte que quoique celui qui fait la faute ne ſoit pas puni avec toute la rigueur que l'eſt celui qui a trop de cartes, n'étant pas tout-à-fait dans le cas, à cauſe qu'il ſe déclare avant que de voir ſa rentrée, devant même que de la joindre à ſon Jeu, il n'y a par conſequent pas de mauvaiſe foi à punir ; cependant, comme il a fait faute, il eſt de la juſtice que celui à qui cette carte ſeroit allée, & qui auroit pû rendre ſon Jeu bon, ſoit le maître de s'y tenir ou de refaire. Les Joueurs qui jugent les coups par la raiſon, & ſans prévention, trouvent cette Regle fort bien établie, & l'admettent comme elle eſt.

XI. Si celui qui donne deux fois de ſuite reconnoît ſa faute, avant d'avoir vû aucune de ſes cartes, ſon Adverſaire ſera obligé de faire, encore même qu'il ait vû ſon jeu.

Cette Régle eſt fort conforme à l'équité, puiſqu'un chacun doit faire à ſon tour, & que celui qui mêle ne peut point agir en cela de mauvaiſe foi, dès qu'il en avertit avant que de voir ſon jeu ; elle eſt reçûë ainſi par tout.

XII. Quand le premier accuſe ſon point & ce qu'il peut avoir à compter dans ſon jeu, & que l'autre lui ayant repondu : Cela eſt bon, il s'apperçoit enſuite en examinant mieux ſon jeu, qu'il s'eſt trompé, pourvû qu'il n'ait point joué, il eſt reçû à compter ce qu'il a de bon, & efface ce que le premier auroit compté, encore que ledit premier eût commencé à jouer.

Il y a bien des joueurs qui admettent que lorſque l'on a accuſé ſon point il faut s'y tenir, ne pouvant point l'augmenter, mais bien le diminuer, ſi l'on s'apperçoit n'en avoir pas autant que l'on avoit d'abord accuſé ; je ſerois bien de leur ſentiment là-deſſus, particulierement ſi cela arrivoit ſouvent ; il n'en eſt pas de même à l'égard des Tierces, Quatriemes, &c. Quatorzes, & trois As, &c. On peut toujours y revenir juſqu'à ce que l'on ait joué, excepté par exemple ſi un Joueur ayant trois As ou choſe ſemblable, & qu'il demandât ſi trois Valets ſont bons pour découvrir ſi ſon Adverſaire a trois Dames qu'il pourroit avoir, il ne ſçauroit revenir à compter ce qu'il a de bon ; il en eſt de même d'une Tierce ſuperieure, ſi l'on demandoit d'une beaucoup inferieure la même choſe.

Cette Régle regarde les deux Joueurs, & elle a lieu par tout à l'égard des Tierces, Quatriémes, &c. Quatorze, trois As, trois Rois, &c. mais à l'égard du point, bien des Joueurs ne l'admettent pas, à cause qu'il pourroit y avoir de la surprise, en faisant découvrir par-là à son Adversaire le côté dont il a son point, qu'il pourroit avoir de deux côtez : si cependant le coup arrivoit une fois par hazard, il pourroit y revenir ; au lieu que si cela arrivoit plusieurs fois, on pourroit obliger un Joueur sujet à se méprendre, à s'en tenir au premier point qu'il accuseroit ; la Loi étant égale d'ailleurs.

XIII. Celui qui pouvant avoir quatorze d'As, de Rois, de Dames, de Valets, ou de Dix, en écarte une de celles-là, & n'accuse par consequent que trois As, trois Rois, trois Dames, trois Valets, ou trois Dix, & qu'on lui a dit qu'ils sont bons ; celui-là, dis-je, est obligé de dire au juste à son Adversaire laquelle de ces cartes lui manque, pourvû qu'il le lui demande d'abord après qu'il a joué la premiere carte de son jeu.

Cette Régle est établie afin d'éviter l'embarras que causeroit la necessité où l'on seroit d'étaler ses Quatorzes ou ses trois As, Rois, &c.

XIV. s'il arrivoit que le Jeu de carte se rencontrât faux ; c'est-à-dire, qu'il y eût deux Dix, ou deux autres cartes d'une même façon, ou qu'il y eût une carte de plus ou de moins, le coup seulement demeureroit nul, les précedens, s'il y en avoit de joués, seroient cependant bons.

Cette Régle porte en elle-même la raison pourquoi elle est faite, n'y ayant point de Jeux où l'on joue les coups faux.

XV. Si en donnant les cartes il s'en trouve une de retournée, il faut rebattre, & recommencer à les couper, & à les donner, à cause du désavantage qu'elle pourroit apporter à celui dans le Jeu de qui elle se trouve, & de l'avantage que pourroit en tirer l'Adversaire.

XVI. S'il se rencontre une carte tournée au Talon, le coup est bon, pourvû que ce ne soit pas la carte de dessus, ou bien la premiere des trois que le dernier doit prendre ; & s'il y en avoit deux, il faudroit refaire.

Ce coup, qui a été le sujet de tant de disputes, a été decidé de la sorte par les plus habiles Joueurs ; & leur raison est, que la carte tournée qui est au milieu des cartes du Talon, ne sçauroit être vûë, si celui qui la prend veut prendre garde à son jeu ; d'ailleurs, quand même elle seroit vûë, elle ne le seroit qu'après que les écarts sont faits ; ce qui ne sçauroit plus changer le jeu, & par consequent y préjudicier : cette Régle est généralement reçûë par tous ceux qui se piquent de sçavoir le Piquet.

XVII. Celui qui accuse faux, comme dire : J'ai trois ou quatre As, Rois, Dames, Valets, ou Dix, qu'il pourroit avoir même, & qu'il n'a cependant pas, ne compte pour cela rien de tout ce qu'il a dans son jeu, à moins qu'il se reprenne avant de jetter la premiere carte ; car s'il a joué seulement une carte, & que son Adversaire s'apperçoive d'abord, ou au milieu, ou à la fin du coup, qu'il a compté faux, il l'empêche non-seulement de rien compter de son jeu, mais il compte encore tout ce qui est bon dans le sien, ce que l'autre ne peut point parer ; il en est de même de celui qui au lieu de compter quatorze d'As ou de Rois, &c. ou 3. de quelque chose, compteroit à la place ce qu'il n'auroit pas, comme au lieu des As compteroit des Rois, &c.

Il est aisé de comprendre que cette régle n'a été faite que pour punir la mauvaise foi de ceux qui sous prétexte de se tromper, pourroient compter ce qu'ils n'auroient pas, & qu'ils pourroient avoir, & il faut punir comme mauvaise foi tout ce qui peut être soupçonné l'être ; la moindre apparence étant punie au jeu. Tous les joueurs admettent cette Régle.

XVIII. Toute carte lâchée, & qui a touché le Tapis, est censée jouée ; si pourtant on n'étoit que second à jouer, & qu'on eût couvert une carte de ſon Adverſaire qui ne fût pas de même couleur, & qu'on en eût dans ſon jeu, en ce cas il eſt permis de la reprendre pour fournir de la même couleur, ne pouvant pas renoncer, il n'y a aucune peine pour cela; mais ſi n'ayant pas de la couleur jouée, on jettoit par mégarde une carte au lieu d'une autre, il ne ſeroit plus permis de la reprendre dès qu'elle eſt lâchée de la main.

Perſonne ne s'eſt jamais oppoſé à cette Régle, puiſque n'y ayant point de triomphe à ce jeu, il ne ſçauroit y avoir de renonce.

XIX. Celui qui pour voir les cartes que laiſſe le dernier lorſqu'il en laiſſe, dit: je jouerai de telle couleur, & qui enſuite jouant ne jette pas de la couleur qu'il ſeroit obligé de jouer, il dépend de ſon Adverſaire de lui faire jouer par la couleur qu'il trouvera à propos.

La punition impoſée à ce coup, eſt pour empêcher qu'il ne ſe paſſe rien au jeu qui ait apparence de mauvaiſe foi. Tous les joueurs s'y ſoumettent.

XX. Celui qui par mégarde ou autrement tourne ou voit une carte du Talon, doit jouer de la couleur que ſon Adverſaire voudra autant de fois qu'il auroit vû de cartes; une fois s'il n'y a eu qu'une carte tournée, deux, s'il y en a eu deux, &c.

Cette Régle regarde le dernier dont le premier a vû quelque carte ; car si le dernier voyoit ou tournoit le Talon du premier, il seroit libre au premier de jouer le coup, ou de refaire après avoir vû son Jeu.

C'est sans doute cette Regle qui a fait le plus de bruit au jeu de Piquet, & pour laquelle les plus habiles joueurs ont été si long-tems partagez ; je ne conçois pas que l'on puisse en Provence & en Languedoc condamner au grand coup un homme qui a tourné ou vû une carte du Talon.

Tous les Joueurs fameux sont du même sentiment rapporté, & la seule raison naturelle leur en sert de preuve.

XXI. Celui qui ayant laissé une carte du Talon, la mêle à son écart, avant que de l'avoir montrée à son Adversaire, peut être obligé par lui, après qu'il lui a nommé la couleur dont il commencera à jouer, à lui montrer tout son écart ; il lui est permis de ne pas la voir ni montrer, pourvû qu'il ne la mêle point à son écart.

Cette Régle est dans la justice, puisque dès que le dernier a vû la carte qu'il laisse, son adversaire est en droit de la voir, dans le doute laquelle c'est ; il est juste qu'il les voye toutes. Cette Régle est generalement reçûë.

XXII. Qui reprend des cartes dans ſon écart, ou eſt ſurpris à en changer, ou fait autres tours de fripon, perd la Partie, & & doit être chaſſé comme un Coquin avec qui on ne doit plus jouer. La peine de cet article ne ſçauroit être aſſez forte, puiſque c'eſt pour punir un fripon averé.

XXIII. Qui quitte la Partie avant qu'elle ſoit finie, la perd, à moins que de grandes affaires ne l'obligeaſſent à quitter ; il faut en ce cas que ce ſoit d'un mutuel conſentement qu'elle ſoit remiſe.

C'eſt pour prévenir les abus qui ſe gliſſeroient tous les jours par ceux qui voyant leur partie mauvaiſe, voudroient la renvoyer, afin d'éviter enſuite de la finir.

XXIV. Celui qui croyant avoir perdu jette ſes cartes qu'on brouille avec le Talon, perd en effet la Partie, encore qu'il s'apperçoive après qu'il s'eſt mépris, mais ſi rien n'eſt mêlé il y peut revenir, pourvû que l'autre n'ait pas brouillé ſon jeu.

De même s'il arrive à la fin d'un coup qu'un Joueur ayant en ſa main deux ou trois cartes, & croyant que ſon Adverſaire les a plus hautes, il les jette toutes enſemble, ſi celui qui joue contre lui montre alors ſes cartes, il les leve pour lui, quoique ſes cartes ſoient inferieures ; & le premier n'en peut revenir, perdant en effet les cartes qui lui reſtent.

Cette Régle eſt fort bien établie, puiſque celui qui auroit beſoin de ſon écart pour achever, n'auroit qu'à ceder la Partie, s'il lui étoit permis de reprendre ſon Jeu qui ſeroit brouillé, & prendre par-là les cartes dont il auroit beſoin, & la vivacité de celui qui cede ſes cartes en comptant que ſon Adverſaire en a de plus hautes, ne merite pas une moindre punition.

XXV. Celui qui étant dernier écarteroit & prendroit les cartes du premier avant que le premier eût eu le tems de faire ſon écart, & les auroit mêlées à ſon Jeu perdroit la Partie, s'il jouoit au cent, & le grand coup s'il jouoit en partie ; mais ſi le premier avoit eu le tems d'écarter, & qu'il eut attendu que le dernier eût pris ſes cartes, ſe croyant être le premier, le coup ſera bon ; & celui qui eſt de droit premier, commencera à jouer

Cette Régle ne peut être trop rigide dans le premier cas, puiſque la mauvaiſe foi eſt manifeſte dans celui qui ſe hâte de faire ſon écart pour prendre les cinq cartes que ſon Adverſaire doit prendre, au lieu que dans le ſecond, c'eſt préciſement la faute du premier qui doit ſçavoir que c'eſt à lui à en prendre cinq.

XXVI. Quand on n'a qu'un quatorze en main qui doit valoir, on n'eſt pas obligé de dire ſi c'eſt d'As, de Rois, de Dames, &c. on dit ſeulement *Quatorze* ; mais ſi on en peut avoir deux dans ſon jeu, & que l'on n'en ait qu'un, ayant écarté une carte ou deux qui vous réduiſent à un ſeul, alors on eſt obligé de nommer le *Quatorze* que l'on a.

Cette Regle eſt naturelle, en ce que celui qui n'a qu'un Quatorze à craindre doit néceſſairement ſçavoir le Quatorze que l'Adverſaire accuſe, au lieu qu'il n'en eſt pas de même s'il en a deux, pouvant en avoir un de bon & un plus bas qui ne vaudroit pas.

Fin du Jeu de Piquet.

LE JEU DE QUADRILLE,

Avec le MEDIATEUR & la COULEUR FAVORITE.

LEs personnes qui sont dans l'usage de jouer le Quadrille, ont souvent éprouvé l'inégalité que l'on trouve dans ce jeu. L'avantage de celui qui est premier en carte, ôte à ceux qui le suivent, la liberté de pouvoir jouer, même ayant beau jeu, lorsqu'ils ne peuvent jouer seuls. Il arrive souvent, par exemple, que le premier ayant demandé, le second se trouve avoir dans son jeu trois Matadors cinquiémes en noir, & toutes fausses, dans ce cas il ne peut jouer seul ; & n'ayant point l'esperance d'être appellé, il est fort disgracieux d'être obligé de passer avec un beau jeu. On a donc voulu corriger cette inégalité, en donnant à chacun des Joueurs le moyen de profiter de l'avantage de son jeu ; pour cet effet on a ajouté à la maniere ordinaire de jouer le Quadrille, celle de le jouer avec le Médiateur & la Couleur favorite, ce qui rend ce jeu beaucoup plus interessant & plus amusant.

Maniere de tirer les Places au Médiateur.

L'on prend quatre cartes dans un jeu, sçavoir, un Roi, une Dame, un Valet & un As, que l'on donne à tirer aux Joueurs; c'est ordinairement au dernier entré à qui on présente les cartes à tirer, ensorte que celui qui a le Roi se place où il veut, la Dame se met à sa droite, le Valet ensuite, & l'As au-dessus du Roi, pour lui donner la main; celui qui a le Roi tire la Couleur favorite.

Regles de ce Jeu.

Cette nouvelle maniere de jouer le Quadrille ne change rien à l'usage ordinaire de le jouer. Il faut le même nombre de cartes & de personnes pour le jouer.

Pour sçavoir la *couleur favorite*, il faut avant que de commencer la reprise, tirer au hazard dans un jeu, une carte qui la détermine; par exemple, si on a tiré un cœur, le cœur sera la couleur favorite qui regnera pendant toute la reprise, & ainsi des trois autres couleurs.

Le Médiateur est un Roi qui demande à l'un des autres Joueurs, celui qui comptant faire avec son Jeu cinq levées, se trouve en état de pouvoir jouer seul & faire six levées, lorsque l'un des autres Joueurs lui donne le Roi qu'il a demandé. Alors celui qui fait jouer donne à celui de qui il reçoit le Roi, une de ſes cartes telle qu'il juge à propos, & une fiche, & ſi c'eſt dans la couleur favorite, deux fiches.

L'avantage de celui qui demande en appellant dans la couleur favorite, eſt d'avoir la préférence ſur un autre qui demande en appellant dans une des autres couleurs.

Celui qui demande avec le Médiateur, a la préférence ſur celui qui demande en appellant dans la couleur favorite; en ce cas il eſt obligé en joüant ſeul de faire ſix levées pour gagner.

Celui qui demande avec le Médiateur dans la couleur favorite, doit avoir la préférence ſur un autre qui demande avec le Médiateur dans une des autres couleurs que la favorite, alors il eſt obligé de joüer ſeul, & par conſéquent de faire ſix levées pour gagner.

Celui qui joue ſans prendre dans une des autres couleurs que la favorite, aura la préference ſur celui qui auroit demandé ſimplement, ou avec le Médiateur, ou même qui voudroit joüer dans la couleur favorite avec le Médiateur.

Enfin, le Sans-prendre dans la couleur favorite, a la préférence ſur tous les autres Jeux. Celui qui auroit demandé ſimplement ou avec le Médiateur, ou dans la couleur favorite avec le Médiateur ; ou qui voudroit joüer ſans prendre dans une autre couleur, eſt obligé de ceder à celui qui joüe ſans prendre dans la couleur favorite.

A l'égard de la maniere de joüer le Quadrille avec le Médiateur & la couleur favorite, elle eſt la même que celle du Quadrille ordinaire, tant pour celui qui demande en appellant un Roy, ſoit dans la couleur favorite, ſoit dans une autre couleur, que pour celui qui joüe ſans prendre, ou dans la couleur favorite, ou dans une autre couleur. La ſeule difference eſt lorſqu'un des Joueurs demande le Médiateur ; alors il eſt obligé de joüer ſeul & de faire ſix levées comme s'il joüoit ſans prendre. Ceux qui ſont verſés dans la pratique du Jeu de Quadrille, connoiſſent aſſez la force de ce jeu, pour juger s'ils peuvent joüer ſeuls avec le ſecours d'un Roi qu'ils demandent & qu'ils croyent propre à fortifier leur jeu.

Maniere de le joüer.

Celui qui a demandé un Médiateur, étant en cheville, il faut joüer de la couleur de ſon Roi, *dit Médiateur*, parce qu'il eſt à préſumer qu'il a pluſieurs cartes de la couleur de ſon Roi, qui par ce moyen peut être coupé.

Il faut observer aussi de ne point joüer dans le Roi, quand l'Hombre est dernier en carte, parce que l'on feroit par-là l'avantage de son jeu, & que quand il arriveroit que l'on pût couper son Roi, il ne mettroit alors qu'une basse carte, & n'étant point coupé, cela lui feroit faire plusieurs levées de la couleur de son Roi.

Maniere de marquer le jeu & de le payer avec le Médiateur & la couleur favorite.

Le jeu se marque par celui qui mêle, en mettant deux fiches devant lui.

On paye à ceux qui ont gagné simplement dans une autre couleur que la favorite, six jettons à chacun, & ils retirent chacun une des deux fiches qui marquoient le jeu. S'ils perdent par remise, ils donnent à chacun quatre jettons de Consolation, si c'est par codille ils en donnent chacun six.

Ceux qui gagnent dans la couleur favorite, reçoivent douze jettons chacun, s'ils perdent par remise ils en donnent huit, & si c'est par codille, douze.

Celui qui a gagné, ayant joüé avec le Médiateur, doit recevoir seize jettons de chacun, s'il perd par remise, il en doit donner quatorze à chacun, & par codille seize.

Celui qui a gagné en joüant dans la

couleur favorite avec le Médiateur, doit recevoir de chacun trente-deux jettons; s'il perd par remiſe, il en doit donner à chacun vingt-huit, & par codille trente-deux.

Celui qui a gagné un Sans-prendre, dans une autre couleur que la favorite, doit recevoir vingt-ſix jettons de chacun; s'il perd par remiſe, il en donnera vingt-quatre à chacun, & par codille vingt-ſix.

Celui qui gagne ſans prendre dans la couleur favorite, doit recevoir cinquante deux jettons de chacun; s'il perd par remiſe, il en donne quarante-huit à chacun, & par codille cinquante-deux.

Maniere de payer les Voles.

Pour la Vole dans le coup ſimple, deux fiches: & dans la couleur favorite, quatre fiches.

Pour la Vole avec le Médiateur, trois fiches, & dans la couleur favorite avec le Médiateur, ſix fiches.

Pour la Vole Sans-prendre, à l'ordinaire, quatre fiches.

La vole & ſans prendre en couleur favorite, huit fiches.

On paye pour chaque *Matador* deux jettons, & quatre dans la couleur favorite; il y a des perſonnes qui ne comptene point les Matadors, & qui veulent qu l'on donne une fiche pour les Matadors, tel nombre qu'on en puisse avoir, & deux fiches quand on les a dans la couleur favorite.

Comme dans la précedente Edition on n'a point marqué si l'on pouvoit annoncer la Vole avec le Médiateur, ce qui a donné lieu de faire observer qu'un des Joueurs demandánt un Médiateur, il peut s'en trouver un autre qui le demande en annonçant la Vole : il doit alors l'emporter sur le premier qui a demandé le Médiateur, par une raison sensible, étant à présumer que celui qui annonce ainsi la Vole, doit avoir de quoi faire neuf levées dans son jeu, ou tout au moins huit, avec une Dame dont il demande le Roi ; & comme il risque de perdre la Vole ayant demandé un Roi qui peut être coupé, par cette seule raison il doit l'emporter sur l'autre. De même celui qui peut entreprendre la vole avec le secours d'un Médiateur, doit aussi l'emporter sur celui qui a dequoi joüer sans prendre.

La Table suivante marque à combien se montent les Bêtes faites par remise.

PREMIERE TABLE.

Premier 28	2 84	3 112	4 140
5 168	6 196	7 224	8 252
9 280	10 308	11 336	12 364
13 392	14 420	15 448	16 476

Si le premier coup ſur lequel a été faite la premiere Bête étoit tiré par codille, voyez la Table cy-après.

SECONDE TABLE.

Premier 28	2 56	3 84	4 112
5 140	6 168	7 196	8 224
9 125	10 108	11 308	12 336
13 364	14 392	15 420	16 448

A l'égard des difficultez qui ſurviendront en joüant ce jeu, on ſuivra les loix du Quadrille ordinaire.

Maniere de joüer le Quadrille avec le Médiateur ſans la couleur favorite.

Alors on marque & l'on paye le jeu comme au Quadrille ordinaire, à la reſerve que l'on donne une fiche de plus à celui qui joüe avec le Médiateur, & à celui qui joüe ſans prendre, c'eſt-à-dire, qui gagne avec le Médiateur; il doit recevoir treize jettons de chacun; s'il perd par remiſe, il en donnera douze à chacun, & treize ſi c'eſt par codille.

Celui qui gagne ſans prendre, doit recevoir dix-ſept jettons de chacun; s'il perd par remiſe, il en doit donner à chacun ſeize, & par codille dix-ſept.

Pour la Vole avec le Médiateur, elle ſe paye comme au Quadrille ordinaire, c'eſt-à-dire, que l'on ne donne qu'une fiche à celui qui la fait.

Les Bêtes ſe comptent auſſi comme au Quadrille ordinaire.

Et au dernier tour de la repriſe, appellé *Poulans*, on peut doubler le jeu.

LE QUADRILLE APPELLÉ SOLITAIRE.

CE jeu se joüe dans plusieurs Maisons; on l'appelle *le Solitaire*, parce que l'on est obligé de joüer seul sans appeller.

S'il arrive que les quatre Joüeurs n'ayent pas dequoi joüer sans prendre, ou qu'ils n'ayent point assez beau jeu pour demander un Médiateur, on est obligé alors de passer, ne pouvant pas renvoyer à l'Espadille, comme au Quadrille ordinaire, en observant de laisser les deux fiches de Poulan sur le jeu, & de continuer d'en mettre le même nombre par celui qui mêle, jusqu'à ce que l'un des quatres Joüeurs puisse faire joüer sans prendre, ou avec un Médiateur, &c.

A l'égard des Bêtes, elle augmentent de vingt-huit jettons de plus de tout ce qui se trouve sur le jeu; & sur les Poulans doubles, de cinquante-six jettons.

LE MÉDIATEUR SOLITAIRE A TROIS.

CE jeu ne se joüe à trois que faute d'un quatriéme, & n'en est pas moins amusant. On le joué de la maniere suivante.

I. Il faut ôter dix cartes du jeu ordinaire, c'est-à-dire, neuf carreaux & le six de cœur & laisser le Roi de carreau. Par ce moyen l'on peut joüer dans les quatre couleurs, quoiqu'il y en ait une presque suprimée; par exemple, un des Joüeurs ayant les deux As noirs avec des Rois, pourra joüer en carreau; il aura par consequent tous les Matadors qui lui seront payés comme au Médiateur à quatre.

De même celui qui a dequoi demander un Médiateur, peut demander le Roy de carreau, puisqu'on le laisse dans le jeu, afin de le rendre aussi divertissant que lorsqu'on le joué à quatre.

II. Ce jeu se marque comme au Médiateur, c'est-à-dire, que celui qui fait met deux fiches devant lui, & l'on ne jouë point en appellant ; l'on ne renvoye ponit aussi à Espadille. Si on n'a pas dans son jeu dequoi demander un Médiateur ou joüer sans prendre, il faut passer : alors celui qui mêle est obligé de mettre deux fiches devant lui, & l'on continuë ainsi jusqu'à ce qu'un des Jouëurs fasse joüer ; c'est ce qui a fait appeller ce jeu *le Solitaire*, parce que l'on jouë toujours seul.

III. A l'égard de la maniere de marquer les Bêtes, il faut suivre les Tables qui se trouvent cy-devant au Médiateur ordinaire à quatre ; la seule difference qu'il y a, c'est que la Bête faite par remise, doit augmenter d'autant de jettons qu'il se trouvera de passes sur le jeu, au lieu que celle qui est faite par codille, ne sera pas de plus de jettons qu'au Médiateur ordinaire à quatre.

Comme à ce jeu l'on jouë un coup de moins à chaque tour, il est convenable de joüer douze tours aux lieu de dix, pour que la reprise soit finie. Pour le reste, on suit à ce jeu les loix du Médiateur à quatre.

Autre maniere de joüer le Médiateur Solitaire à trois.

1. L'on ôte du jeu ordinaire les quatre trois qui n'y sont pas d'un grand crédit ; ce qui le reduit au nombre de trente-six cartes au lieu de quarante.

2. celui qui mêle, donne à chacun des Joüeurs douze cartes, trois à trois, ou quatre à quatre, à la volonté des Joüeurs ; ce qui employe les trente-six cartes du jeu.

3. Celui qui fait joüer en telle couleur que ce soit, est obligé pour gagner, de faire sept levées à lui seul. L'on peut aussi demander un Médiateur lorsque l'on a dequoi faire six levées dans son jeu, sinon il faut passer, en suivant pour le reste, les régles du Médiateur Solitaire à trois, qui est cy-dessus.

LE MEDIATEUR

A TROIS,

Ou le Tiercille.

POur jouer ce jeu, il faut tirer deux cartes de chaque couleur noire, & trois de chaque couleur rouge: En noir, on tire le trois & le quatre: En rouge, le six, le cinq & le quatre; de sorte que ces cartes une fois ôtées, il n'en reste plus que trente pour former ce jeu.

La maniere de jouer Tiercile.

L'un des trois qui doivent jouer, prend un Roi, une Dame & un Valet, & les presente aux deux autres: Et celui qui prend le Roy, se place où bon lui semble; celui qui a la Dame se place aprés e Roi, & le Valet ensuite.

Celui qui a le Roi, donne cartes le premier; & celui qui est à la gauche, avant de couper, leve une carte d'un des deux jeux de cartes qui est sur la table, & la montre à la compagnie, en disant: *Cette Couleur est la préference.*

Quoique cette Couleur qu'on nomme

préference soit expliquée dans le jeu de Médiateur à quatre, cependant pour vous en épargner la recherche, vous remarquerez, que quand on jouë en cette couleur qui vient d'être lévée, & qu'on nomme, je vous le repecte encore, *Préference*, on paye tout le jeu double, soit en perdant ou en gagnant.

On l'appelle encore préference, par ce qu'à supposer que quelqu'un des trois eût suffisament dequoi jouer en une autre couleur, soit par Médiateur ou sans prendre, celui qui auroit dequoi jouer aux mêmes conditions en préference, joueroit effectivement au préjudice du premier en cartes.

Celui qui est à donner, presente les cartes à sa gauche pour couper, & ensuite donne dix cartes à chacun des adversaires; le premier à jouer dit passe, le second peut également passer, & enfin le troisiéme.

Celui qui vient ensuite donne: & le premier, s'il a beau jeu, peut dire je demande Médiateur; si les deux autres passent, il nomme la couleur en laquelle il veut jouer, & demande un Roi qui lui est le plus necessaire pour son jeu, à l'exception du Roi de la couleur en laquelle il jouë; en recevant ce Roi de la part d'un des joueurs, il donne une fiche &

s'il joüe en préference il en donne deux.

Pour lors il doit s'attendre à faire six lévées pour gagner ; car s'il n'en faisoit que cinq, l'on diroit, *elle est remise*, & il feroit la bête, qui se fait ordinairement en seul, parce qu'à ce jeu-ci on n'apelle point de Roi comme au Médiateur à quatre, qui partage le gain ou la perte avec celui qui joüe.

La seule difference qu'il y a entre ce jeu de Tiercille & le Médiateur à quatre, c'est qu'on ne peut jouer que sans prendre, ou demander Médiateur, c'est à dire le Roi qu'il vous plait d'un de vos adversaires, ainsi que je l'ai déja dit.

Il faut observer aussi que n'y ayant dans ce jeu que neuf cartes, soit qu'on joüe en rouge ou qu'on joüe en noir, attendu celles qu'on à ôté en commençant, il faut bien prendre ses précautions & s'assurer toujours de six levées, comme je l'ai déja observé.

Pour ce qui est de la valeur des jettons, des fiches & la façon de payer les Bêtes, l'enjeu, la consolation ou remise, ce jeu ne differe en rien de celui du Médiateur à quatre, dont vous observerez en tout les regles qui y sont prescrites.

FIN.

www.ingramcontent.com/pod-product-compliance
Ingram Content Group UK Ltd.
Pitfield, Milton Keynes, MK11 3LW, UK
UKHW022112260726
13993UKWH00001B/460